大人の遠足BOOK

鎌倉・湘南・三浦ウォーキング

[表紙写真]
上から時計回りに、江の島シーキャンドル（展望灯台）、江ノ島電鉄、金沢動物園のコアラ、長谷寺のアジサイ、長谷寺の御朱印帳、リビエラ逗子マリーナ、大仏切通、一条恵観山荘の花手水など

contents

鎌倉エリア

湘南エリア

逗子・葉山エリア

鎌倉・湘南・三浦ウォーキング

[目次写真]
上から時計回りに葉山・仙元山、鎌倉・瑞泉寺、鎌倉・鎌倉文学館、鎌倉・浄智寺、鎌倉・旧鎌倉市長谷こども会館、葉山・はやま三ヶ岡山緑地、横浜・能見堂緑地、鎌倉・衣張山、鎌倉・本覚寺のにぎり福

本書の使い方

本書のご利用にあたって

本書は、こだわりの「歩き」を楽しむため案内書です。45のルートを紹介しており、

①日帰りできる

②ハードではない

③単に「歩く」だけでなく「お楽しみ」がある

の3つを基準に選びました。「お楽しみ」としては、景観、眺望、史跡、寺社、公園などの見どころがあります。これらを参考に、どこでもお好きなコースから歩き始めてください。

1
史跡・寺社
鎌倉市
鶴岡八幡宮から永福寺跡へ
鎌倉幕府ゆかりの史跡をめぐり、800年の歴史に思いを馳せる
春爛漫の鶴岡八幡宮では、源氏池の周辺に見事なサクラ景色が広がり、訪れる参拝客の足を留める
アクセス
行き 東京駅からJR横須賀線で約56分の鎌倉駅下車。
帰り 往路を戻る。
問合せ先
鎌倉市観光協会☎0467-23-3050
鎌倉市観光総合案内所☎0467-22-3350
スタート 鎌倉駅 徒歩3分 ❶若宮大路 徒歩7分 ❷鶴岡八幡宮 徒歩2分 ❸鎌倉国宝館 徒歩13分 ❹源頼朝の墓 徒歩8分 ❺荏柄天神社 徒歩6分 ❻鎌倉宮 徒歩6分 ❼永福寺跡 徒歩45分 鎌倉駅 ゴール
歩行時間 約1時間30分
歩行距離 約4.5km
歩数 約9000歩
DATA 鶴岡八幡宮神苑ぼたん庭園 9時～16時30分、無休、500円。開花期は、冬ボタンは正月～2月中旬、春ボタンは4月上旬～5月上旬。☎0467-22-0315
8

●アイコン

コースの主な特徴をアイコンで表示しています。

海：主に海沿いの景観や魅力を堪能する

ハイキング：主に森や山を歩き、自然に親しむ

街：主に市街部を歩き、花名所、美術館などの見どころを訪ねる

史跡・寺社：主に史跡や寺社を中心に、見どころを訪ねる

公園：主に整備された公園を中心に、見どころを訪ねる

●市町村名

コースの所在市町村名です。

●問合せ先

コースのある市町村の観光問合せ先や、アクセスに利用する交通機関の問合せ先です。ご旅行の際には、事前にご確認ください。

●歩行時間

コース上を徒歩で移動する際の目安の時間を合計したものです。電車などの利用時間、施設や見学の時間は含めていません。ただし、規模の大きい公園などにおいては例外とします。

●歩行距離／歩数

コースの歩行距離と歩行距離に対する目安の歩数を掲載しています。立ち寄った寺社、施設などでの歩行は含めません。ただし、規模の大きい公園などは例外とします。歩数は、男女差、個人差が大きいので、あくまで目安としてください。本書では1kmで約2000歩を基準としています。

●コースチャート

コースの通過ポイントと移動手段、コースタイムを掲載しています。コースタイムは、標準的な移動時間です。計画の際には、休憩や施設の見学、バスなどの待ち時間、散策に費やす時間を考慮してください。

●アクセス

公共交通機関を使用した場合の主なアクセス方法です。東京駅、または品川駅を起点として表示しています。所要時間は通常期平日の平均的な時間を掲載しています。

●ヒント

コースを歩く際に参考になる、装備、歩行路などの情報を掲載しています。

●サブコース

コースを計画する際の参考になる、別ルート情報を掲載しています。

●DATA

コース上で紹介している施設の基本情報、便利なきっぷ情報などを掲載しています。

●スタート／ゴール
紹介しているコースのスタート、ゴール地点です。

●赤い線
紹介しているメインルートです。

●食べる、見るなどのマーク
「みちくさ」で紹介しているところです。

●コメント
観光物件や道、眺望などについて幅広く付加情報を掲載しています。

●コースタイム
矢印の向きに対応したポイント間の時間です。時間は目安としてご参照ください。

●コースポイント
コースの目安となる通過ポイントです。チャートや本文と対応しています。

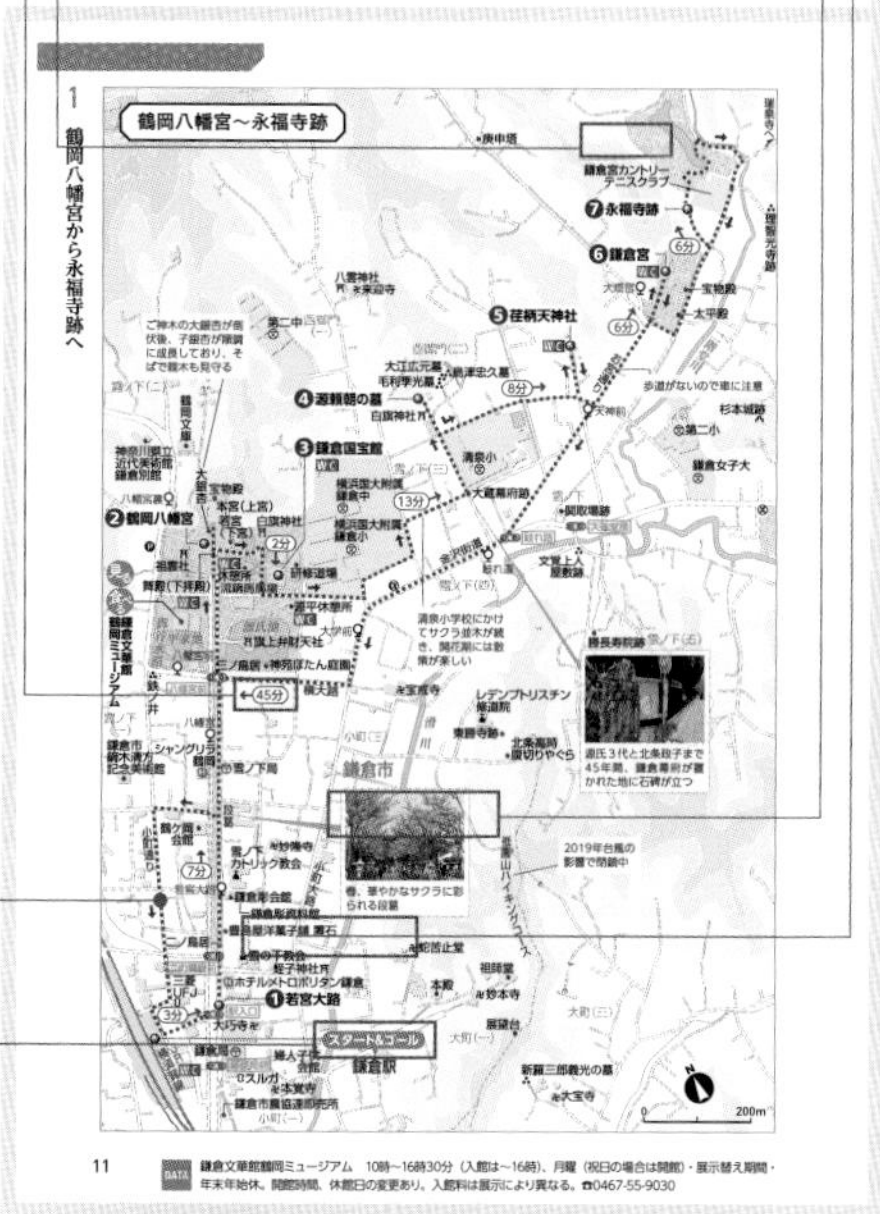
1 鶴岡八幡宮から永福寺跡へ

11 DATA 鎌倉文華館鶴岡ミュージアム 10時〜16時30分（入館は〜16時）、月曜（祝日の場合は開館）・展示替え期間・年末年始休。開館時間、休館日の変更あり。入館料は展示により異なる。☎0467-55-9030

●青い線
サブルートです。余裕がある場合におすすめするコース、あるいはコース変更の場合などに対応できるコースです。

●ピンク色の線
メインルートのなかで、徒歩以外の手段で移動するルートです。

●本書のデータは、2021年5月末現在のものです。料金、営業時間など、記事の内容が変更になる場合もあります。お出かけの際に、あらかじめご確認ください。

1 鶴岡八幡宮から永福寺跡へ

石段上に源頼朝の墓。写真左手には頼朝を祭神とする白旗神社がある

白旗神社奥の山上にある源頼朝の墓は鎌倉石の多層塔

平家池の水面に姿を映す鎌倉文華館鶴岡ミュージアム。日本の建築史に大きな足跡を残した建物の美しさも堪能

上：鶴岡八幡宮の楼門。ここから若宮大路から由比ヶ浜の海まで一望
右：親銀杏のわきで子銀杏が元気に育っている

宮《ぐう》をめざそう。若宮大路の二ノ鳥居から三ノ鳥居まで約480mにわたって続く段葛は、鶴岡八幡宮の参道である。源頼朝が妻・政子の安産祈願のために造営させたと伝えられ、当初は由比ヶ浜を目の前にした一ノ鳥居まで続いていたという。

左右に源平池を見ながら参道を直進し、舞殿わきを過ぎて大石段を上り切ると朱塗りの楼門、その奥の本宮へと続く。現在の本宮は文政11年（1828）、江戸幕府11代将軍・徳川家斉によって造営された代表的な江戸建築で、若宮とともに国の重要文化財に指定されている。楼門前からは由比ヶ浜へ向かって一直線に延びる若宮大路の様子がよく見える。

境内東側には鎌倉の寺社に伝来する仏像や工芸品、絵画などを収蔵、展示する❸鎌倉国《かまくらこく》宝館《ほうかん》がある。鎌倉時代の寺院建築を模した重厚な本館建物も必見だ。

境内の東鳥居を出て、横浜国大附属鎌倉小中学校沿いに雪ノ下の住宅街を歩こう。この地域は、頼朝が御所を建て、頼家、実朝まで源氏3代の将軍と北条政子が政治を行った大

神苑ぼたん庭園では色鮮やかで、多種多様なボタンが見られる

COLUMN
頼朝を偲ぶ幻の永福寺跡
源頼朝が奥州の中尊寺や毛越寺を模して創建したといわれる幻の大寺・永福寺。発掘により二階堂、薬師堂など三堂が南北に一列に並ぶ壮大な伽藍と庭園の存在が確認されている。復元された建物の基壇、苑池をめぐり、往時を偲ぼう。

サブコース
＊薬師堂ヶ谷の奥には覚園寺、紅葉ヶ谷には瑞泉寺、金沢街道沿いには杉本寺など、足を延ばしてみたい寺が多数ある。鎌倉宮から瑞泉寺へ徒歩7分、覚園寺へ徒歩5分、荏柄天神社から杉本寺へ徒歩5分。清泉小学校前の石畳の道は、春になると美しいサクラ並木になる。

ヒント
＊源氏3代にゆかりの深い寺社や史跡が点在しているコースなので、歴史のミニ知識を知っておくだけで歩く楽しさが倍増する。国指定史跡の永福寺跡については、鎌倉市扇ガ谷の鎌倉歴史文化交流館（P42）で歴史展示が行われ、復元VRも見ることができる。

9 DATA 国指定史跡 永福寺跡 9〜17時（11〜3月は9時〜16時30分）。午前7時の時点で大雨、洪水、大雪などの気象警報、注意報が発令されたときなどを除き、年末年始を含む毎日開場。

●コラム
コースを歩く際に、知っておいたほうがより楽しめる幅広い情報を掲載しています。

みちくさ
食べる 買う 豊島屋洋菓子舗 置石
としまやようがしほ おきいし
“鳩サブレー”で知られる豊島屋が段葛の目の前に開いた洋菓子の店。2階の明るい喫茶スペースで季節感あふれるケーキやエクレアを味わえる。鎌倉散策の休憩にもおすすめの居心地のいい空間だ。かわいい焼き菓子（写真）はおみやげに。10時30分〜18時30分、水曜休（祝日の場合、翌日）。☎0467-22-8102

●みちくさ
コース途中、または周辺にある食事処、みやげ店、入浴施設などを紹介しています。商品値段は税込です。「お楽しみ」の参考になります。

コース索引図

※丸数字はコース番号を表しています。

AREA : Kamakura

17 ⇐ 1

鎌倉エリア

二階堂川の小さな流れに
沿って遡ると獅子舞の谷へ

1 史跡・寺社

鎌倉市

鶴岡八幡宮から永福寺跡へ

鎌倉幕府ゆかりの史跡をめぐり、800年の歴史に思いを馳せる

春爛漫の鶴岡八幡宮では、源氏池の周辺に見事なサクラ景色が広がり、訪れる参拝客の足を留める

アクセス

行き 東京駅からJR横須賀線で約56分の鎌倉駅下車。

帰り 往路を戻る。

問合せ先

鎌倉市観光協会☎0467-23-3050

鎌倉市観光総合案内所☎0467-22-3350

- スタート 鎌倉駅
- 徒歩3分
- ❶ 若宮大路
- 徒歩7分
- ❷ 鶴岡八幡宮
- 徒歩2分
- ❸ 鎌倉国宝館
- 徒歩13分
- ❹ 源頼朝の墓
- 徒歩8分
- ❺ 荏柄天神社
- 徒歩6分
- ❻ 鎌倉宮
- 徒歩6分
- ❼ 永福寺跡
- 徒歩45分
- ゴール 鎌倉駅

歩行時間 約1時間30分

歩行距離 約4.5km

歩数 約9000歩

DATA 鶴岡八幡宮神苑ぼたん庭園　9時～16時30分、無休、500円。開花期は、冬ボタンは正月～2月中旬、春ボタンは4月上旬～5月上旬。☎0467-22-0315

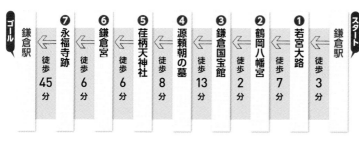

石段上に源頼朝の墓。写真左手には頼朝を祭神とする白旗神社がある

白旗神社奥の山上にある源頼朝の墓は鎌倉石の多層塔

平家池の水面に姿を映す鎌倉文華館鶴岡ミュージアム。日本の建築史に大きな足跡を残した建物の美しさも堪能

上：鶴岡八幡宮の楼門。ここから若宮大路から由比ヶ浜の海まで一望
右：親銀杏のわきで子銀杏が元気に育っている

鎌倉駅から❶**若宮大路**《わかみやおおじ》へ出て、❷**鶴岡八幡**《つるがおかはちまん》**宮**《ぐう》をめざそう。若宮大路の二ノ鳥居から三ノ鳥居まで約480mにわたって続く段葛は、鶴岡八幡宮の参道である。源頼朝が妻・政子の安産祈願のために造営させたと伝えられ、当初は由比ヶ浜を目の前にした一ノ鳥居まで続いていたという。

左右に源平池を見ながら参道を直進し、舞殿わきを過ぎて大石段を上り切ると朱塗りの楼門、その奥の本宮へと続く。現在の本宮は文政11年（1828）、江戸幕府11代将軍・徳川家斉によって造営された代表的な江戸建築で、若宮とともに国の重要文化財に指定されている。楼門前からは由比ヶ浜へ向かって一直線に延びる若宮大路の様子がよく見える。

境内東側には鎌倉の寺社に伝来する仏像や工芸品、絵画などを収蔵、展示する❸**鎌倉国**《かまくらこく》**宝館**《ほうかん》がある。鎌倉時代の寺院建築を模した重厚な本館建物も必見だ。

境内の東鳥居を出て、横浜国大附属鎌倉小中学校沿いに雪ノ下の住宅街を歩こう。この地域は、頼朝が御所を建て、頼家、実朝まで源氏3代の将軍と北条政子が政治を行った大

COLUMN

頼朝を偲ぶ幻の永福寺跡

源頼朝が奥州の中尊寺や毛越寺を模して創建したといわれる幻の大寺・永福寺。発掘により二階堂、薬師堂など三堂が南北に一列に並ぶ壮大な伽藍と庭園の存在が確認されている。復元された建物の基壇、苑池をめぐり、往時を偲ぼう。

神苑ぼたん庭園では色鮮やかで、多種多様なボタンが見られる

サブコース

＊薬師堂ヶ谷の奥には覚園寺、紅葉ヶ谷には瑞泉寺、金沢街道沿いには杉本寺など、足を延ばしてみたい寺が多数ある。鎌倉宮から瑞泉寺へ徒歩7分、覚園寺へ徒歩5分、荏柄天神社から杉本寺へ徒歩5分。清泉小学校前の石畳の道は、春になると美しいサクラ並木になる。

ヒント

＊源氏3代にゆかりの深い寺社や史跡が点在しているコースなので、歴史のミニ知識を知っておくだけで歩く楽しさが倍増する。国指定史跡の永福寺跡については、鎌倉市扇ガ谷の鎌倉歴史文化交流館（P42）で歴史展示が行われ、復元VRも見ることができる。

DATA 国指定史跡 永福寺跡　9～17時（11～3月は9時～16時30分）。午前7時の時点で大雨、洪水、大雪などの気象警報、注意報が発令されたときなどを除き、年末年始を含む毎日開場。

山の散策路からかつての大伽藍・永福寺跡に思いを馳せつつ歩いてみよう

スマホアプリ『AR永福寺』看板も。背景に伽藍のCGが浮かび上がる

建物の基壇部分と庭園の池を配した永福寺跡。周囲の山林や谷戸も含め、88000㎡が史跡指定されている

平安時代創建の荏柄天神社は日本三古天神社の一つ

蔵幕府跡と伝えられており、清泉小学校のそばにはその石碑が立つ。ここで左折し、小高い丘の裾野まで来ると左手に頼朝を祀る白旗神社、急な石段を上がると五層の石塔でできた❹**源 頼朝《みなもとのよりとも》の墓《はか》**がある。かつては頼朝の持仏堂があった場所で、死後は法華堂と称された。現在は東隣の鎌倉幕府2代執権・北条義時の法華堂跡とともに国指定史跡となっている。

元の道へ戻り、東へ進むと左手に❺**荏《え》柄《がら》天《てん》神社《じんじゃ》**の鳥居と参道が延びている。境内には樹齢900年というご神木の大銀杏や鎌倉一早咲きの紅白梅など見どころも多い。バス通りに出て左折すると❻**鎌倉宮《かまくらぐう》**だ。本殿裏には祭神・護良親王が幽閉されたという土牢がある。鎌倉宮東側の道を回り込むように歩き、史跡❼**永福寺跡《ようふくじあと》**へ。永福寺は頼朝が建てた寺社の一つで、当時は広大な寺域に二階堂、薬師寺、阿弥陀堂が並び、堂の前には池を配した浄土式庭園が広がっていたという。山側に延びる散策路から見下ろし、当時の壮大な伽藍や庭園を想像するのも楽しみがふくらむ。

帰りは宝戒寺前を過ぎ、小町通りを散策し、鎌倉駅へ戻ろう。

みちくさ

見る　食べる

鎌倉文華館 鶴岡ミュージアム

かまくらぶんかかんつるがおかみゅーじあむ

鶴岡八幡宮境内にあった「旧神奈川県立近代美術館 鎌倉」を改修して開館した鎌倉の歴史、文化の新しい発信拠点。坂倉準三の設計による戦後日本を代表する名建築は平家池と一体となり、伝統と近代建築の美を体現している。本館に隣接するカフェ（写真）では倒伏した大銀杏の一部を展示する。

COLUMN

収蔵品も建物も見ごたえがある鎌倉国宝館

鶴岡八幡宮境内の鎌倉国宝館には、市内の社寺から寄託された、鎌倉を代表する国宝、国重要文化財などが多数収蔵されている。外観は奈良・正倉院を模し、内部は鎌倉時代の寺院建築の手法を生かした建物は国登録有形文化財。

DATA 鎌倉国宝館　鎌倉エリアの仏様をじっくり鑑賞できる貴重な施設。9時〜16時30分（入場は〜16時）、月曜休（祝日の場合は翌日）、ほかに展示替え等の休館あり。観覧料は展覧会により異なる。☎0467-22-0753

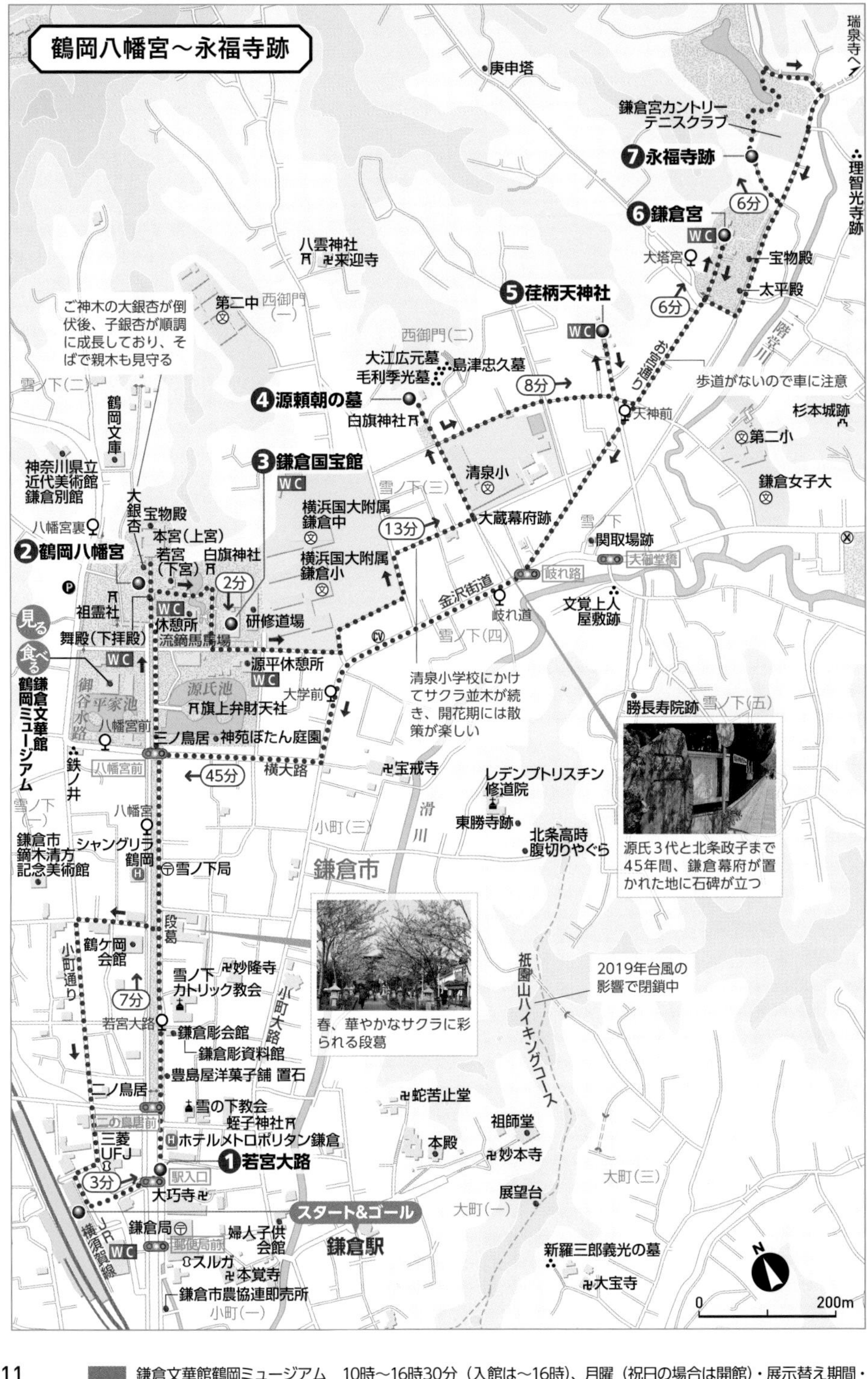

DATA 鎌倉文華館鶴岡ミュージアム　10時〜16時30分（入館は〜16時）、月曜（祝日の場合は開館）・展示替え期間・年末年始休。開館時間、休館日の変更あり。入館料は展示により異なる。☎0467-55-9030

2 史跡・寺社

鎌倉市

北鎌倉から鶴岡八幡宮へ

風格と威厳に満ちた古刹を訪ね、鎌倉街道・巨福呂坂を歩く

楼上には、釈迦如来、五百羅漢などが安置され、くぐると心が清められるといわれる建長寺三門

アクセス

行き 東京駅からJR横須賀線で約53分の北鎌倉駅下車。

帰り 鎌倉駅からJR横須賀線で約53分の東京駅下車。

問合せ先

鎌倉市観光協会☎0467-23-3050

鎌倉市観光総合案内所☎0467-22-3350

スタート 北鎌倉駅 ← 徒歩2分 ← ❶円覚寺 ← 徒歩4分 ← ❷東慶寺 ← 徒歩5分 ← ❸浄智寺 ← 徒歩10分 ← ❹明月院 ← 徒歩17分 ← ❺建長寺 ← 徒歩2分 ← ❻円応寺 ← 徒歩15分 ← ❼鶴岡八幡宮 ← 徒歩15分 ← 鎌倉駅 ゴール

歩行時間 約1時間10分

歩行距離 約5km

歩数 約10000歩

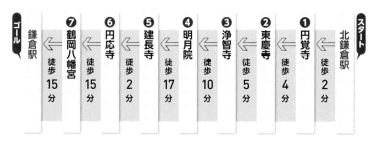

東慶寺の境内をめぐると、鎌倉にゆかりの深い文人たちの歌碑や句碑が目に留まる

「大光明寶殿」の扁額がかかる円覚寺仏殿には本尊・宝冠釈迦如来像が祀られている。天井絵の「白龍の図」にも目を向けたい

延宝7年（1679）に建てられた浄智寺の鐘楼門。2階が鐘楼という珍しい山門

横須賀線の北鎌倉駅からスタートしよう。下り線ホーム先端の臨時口から歩き出すとほどなく、左手が❶円覚寺《えんがくじ》である。北条時宗公御廟所の石柱が立つ石段を上り、総門をくぐると、緑濃い谷戸全域に境内が広がる。堂々とした二階建ての三門、その先に仏殿、方丈が一列に続き、宋の禅宗様式にならった伽藍配置の重厚な佇まいを見ることができる。ゆっくり拝観したのち、県道を左折して少し進むと、縁切り寺で知られる❷東慶寺《とうけいじ》がある。ウメ、ハナショウブなど、境内を彩る季節の花を楽しみに訪れる参拝客も多い。毎月18日には水月観音ご開帳と月釜が開かれている。

再び県道に戻って歩を進めると踏切手前の右手奥に、鎌倉五山第四位の古刹、❸浄智寺《じょうちじ》の総門が見える。鎌倉石を敷いた石段の先には、鎌倉でも珍しい花頭窓《かとうまど》のある唐様の鐘楼門が立ち、竹林や杉木立が連なる境内へ人々をいざなう。巨木のコウヤマキ、タチヒガンなど見事な樹木も多い。境内奥の洞窟には鎌倉・江の島七福神の布袋尊像が祀られている。

元の道へ戻り、踏切の先を左折する。緑を楽しみながら、明月川沿いを進むと、アジサ

北鎌倉駅で降りると、風情のある木造の小さな駅舎に心が和む

円覚寺弁天堂付近から見る東慶寺方面。高低差のある鎌倉ならではの樹木に包まれた谷戸の景観が広がる

サブコース

＊建長寺を拝観をした後に、県道を北鎌倉方面へ少し戻って長寿寺わきを左折し、亀ヶ谷坂切通から源氏山をめざすコースや、花の寺として多くの人が訪れる海蔵寺、英勝寺など扇ヶ谷に点在する寺をめぐり、鎌倉駅へ歩くコースなどをアレンジすることもできる。

ヒント

＊北鎌倉駅から各寺社をつなぐ県道21号（鎌倉街道）は車の往来が多いので、歩行には十分気をつけよう。
＊見どころの多い名刹が続くため、拝観の時間配分にゆとりをもとう。春や初夏の花の季節はとくに混雑するので、早めのスタートを心がけるのがコツだ。

DATA　建長寺　8時30分～16時30分、500円／円覚寺　8時～16時30分(12～2月は～16時)、500円。建長寺と円覚寺では毎年11月初旬に「宝物風入」が行われる。

運慶作の閻魔大王が迎えてくれる円応寺

県立近代美術館鎌倉別館は鶴岡八幡宮の手前右にある

アジサイの寺として知られる明月院。ハナショウブ、紅葉の時期にはふだん立ち入れない本堂後庭園を特別公開（500円）する

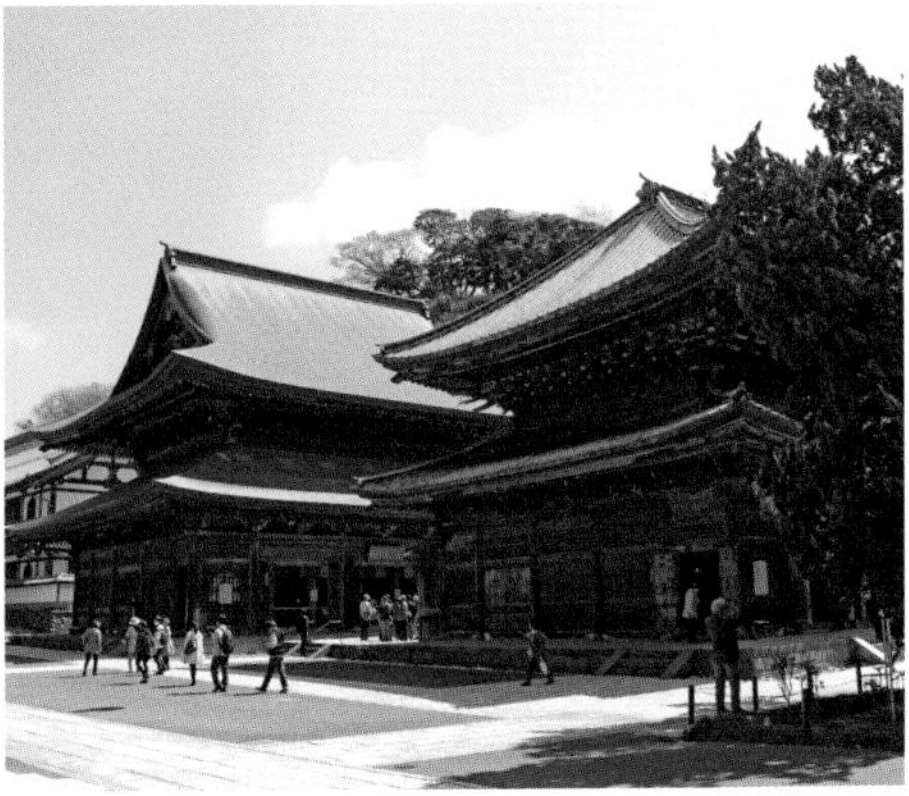

仏殿、法堂、方丈が並ぶ建長寺境内。仏殿には本尊の地蔵菩薩像が祀られている。創建以来の古木、ビャクシンも見られる

イ寺として有名な❹**明月院**《めいげついん》がある。本堂に安置された本尊・聖観世音菩薩に参拝したのち、落ち着いた佇まいの境内をめぐりたい。山際には鎌倉最大の明月院やぐらも見られる。

巨福呂坂の手前にさしかかると、❺**建長寺**《けんちょうじ》の大きな総門が見えてくる。左手の谷戸一帯に広がる境内には、総門、三門、仏殿、法堂、方丈が整然と並び、サクラ開花期には、三門を背景にした絢爛な花景色が楽しめる。境内最奥部の半僧坊までたどってみると、深い緑に囲まれた境内の広さが実感できるだろう。勝上献《しょうじょうけん》山腹にある半僧坊は天園ハイキングコースの入口に位置している。

建長寺を後に県道を進むと間もなく、右手の急な石段を上った一段と高いところに、鎌倉時代の仏師、運慶作の閻魔像を本尊とする❻**円応寺**《えんのうじ》がある。その先で巨福呂坂洞門《こぶくろざかどうもん》をくぐるが、かつての鎌倉七口の一つ、巨福呂坂の旧道は、現在の県道西側の山を越えていく道であったという。県立近代美術館鎌倉別館を右手に、県道を緩やかに曲がり下ると、やがて❼**鶴岡八幡宮**《つるがおかはちまんぐう》だ。参拝後、観光客で賑わう小町通りを散策し、鎌倉駅へ向かおう。

みちくさ

見る 食べる 買う

鎌倉彫会館カフェ&ショップ倶利

かまくらぼりかいかんかふぇあんどしょっぷぐり

鎌倉彫会館1階のギャラリーを併設したカフェ&ショップ。鎌倉文化を代表する鎌倉彫の美しい器でいただく献立は、日本の伝統食材や旬の鎌倉野菜をたっぷり使い、丁寧にひいた精進出汁で仕立てた優しい味わいが人気。カフェで使用している鎌倉彫の器や箸などはショップで販売もしている。3階には鎌倉彫資料館があり、室町時代から現代にいたる作品を収蔵。常設展では名品50点を展示。

右：鎌倉彫資料館所蔵の「屈輪文三足卓」（室町時代）
下：「精進・刻（とき）御膳」（2000円）。贅沢な器でいただくコーヒーも極上の味わいだ

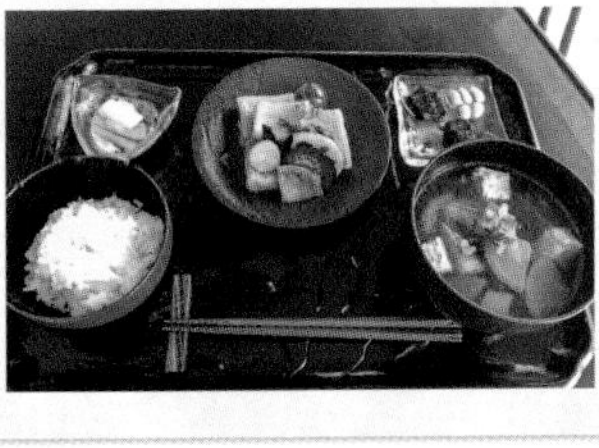

DATA 鎌倉彫資料館　9時30分～17時、月曜休（祝日の場合は翌日）、300円／鎌倉彫会館カフェ&ショップ倶利　カフェ11～17時、月曜休（祝日の場合は翌日）、年末年始・夏季休業等あり。☎0467-33-5751

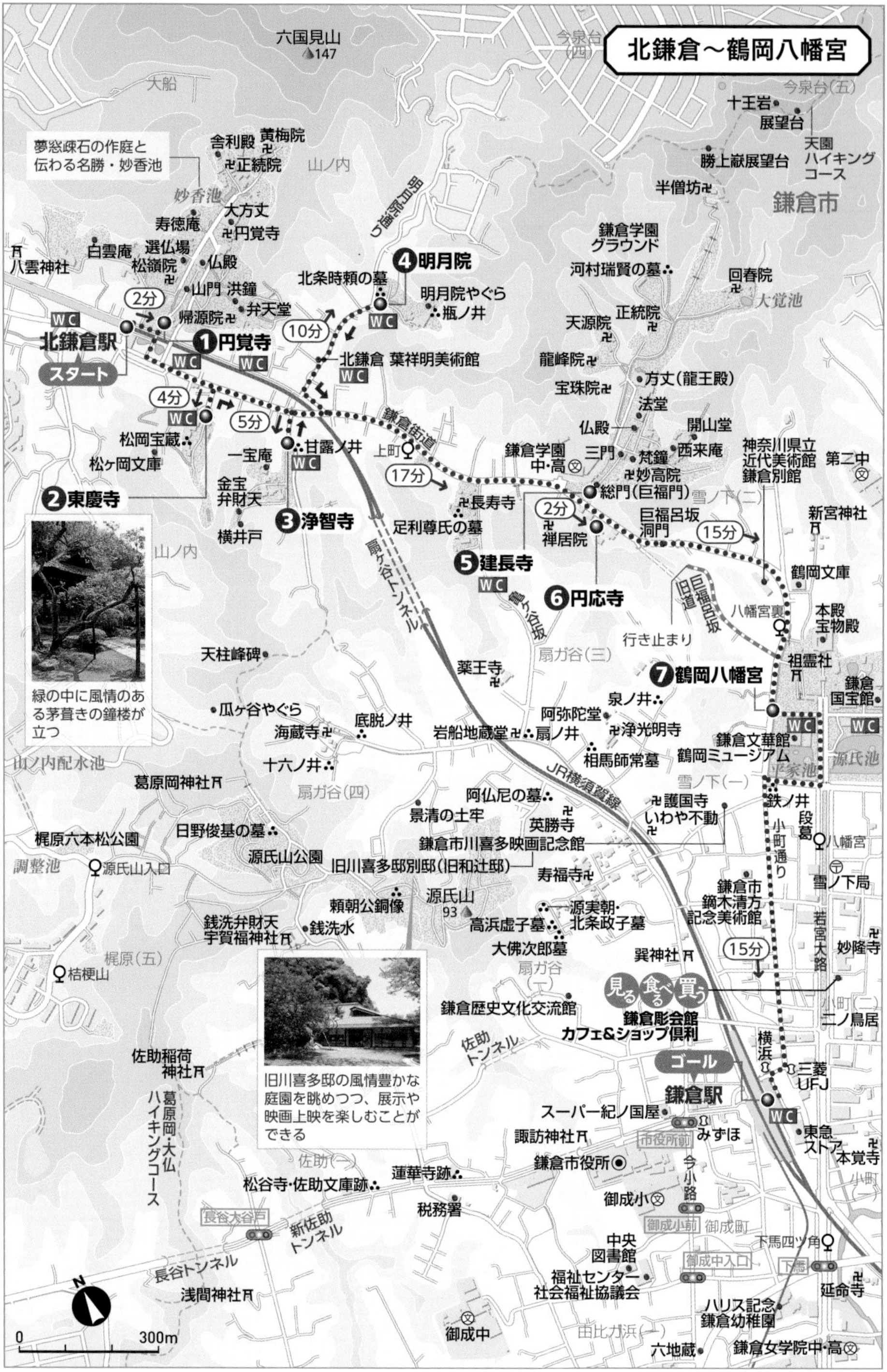

緑の中に風情のある茅葺きの鐘楼が立つ

旧川喜多邸の風情豊かな庭園を眺めつつ、展示や映画上映を楽しむことができる

DATA 旧川喜多邸別邸(旧和辻邸)一般公開 春、秋の年2回、一般公開される。鎌倉市川喜多映画記念館の庭園にある鎌倉市景観重要建造物。詳細は要問合せ。☎0467-23-2500

3 史跡・寺社

鎌倉市

小町大路から大町、材木座へ

日蓮ゆかりの小町大路を歩き、日本最古の築港跡・和賀江嶋をめざす

満潮時の和賀江嶋一帯。引潮時には磯遊びをする風景も。材木座海岸の向こうには稲村ヶ崎、江の島を望む

アクセス

行き 東京駅からJR横須賀線で約56分の鎌倉駅下車。

帰り 飯島バス停から京急バス鎌倉駅行きで約13分の終点下車。往路を戻る。

問合せ先

鎌倉市観光協会☎0467-23-3050
鎌倉市観光総合案内所☎0467-22-3350
京浜急行バス鎌倉営業所 ☎0467-23-2553

スタート 鎌倉駅
⇐ 徒歩6分
❶宇都宮辻子幕府跡
⇐ 徒歩8分
❷宝戒寺
⇐ 徒歩15分
❸本覚寺
⇐ 徒歩6分
❹妙本寺
⇐ 徒歩9分
❺安養院
⇐ 徒歩25分
❻光明寺
⇐ 徒歩15分
❼和賀江嶋の碑
⇐ 徒歩3分
飯島バス停 ゴール

歩行時間 約1時間30分

歩行距離 約4km

歩数 約8000歩

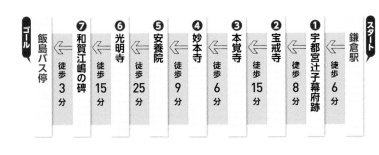

鎌倉幕府滅亡の歴史が偲ばれる宝戒寺。春にはウメ、秋の彼岸には白ハギが境内を彩る花の寺でもある

右：3代執権・北条泰時が鎌倉幕府をおいた宇都宮辻子幕府跡
下：本覚寺境内の夷堂は縁結びや商売繁盛の神様として親しまれている

鎌倉時代に政治、経済の中心地区だった小町大路、材木座界隈を歩いてみよう。鎌倉駅東口から若宮大路へ出て、二ノ鳥居前の横断歩道を渡り、鶴岡八幡宮方向へ歩けば間もなく鎌倉彫会館。横の小路を入ると、突き当たりに赤い幟が何本も立つ宇都宮稲荷神社が現れ、前に❶**宇都宮《うつのみや》辻子《ずし》幕府跡《ばくふあと》**の石碑が立つ。

鎌倉幕府3代執権・北条泰時は北条政子の死後、御所を鶴岡八幡宮東側の大蔵からこの地へ移したが、12年後にはさらに近くの若宮大路へ移転した。若宮大路幕府の旧蹟碑は、細い路地の一角、作家・大佛次郎旧居に近い四つ角にある。

ここから、白ハギの寺、❷**宝戒寺《ほうかいじ》**へ。北条氏の慰霊のために足利尊氏が建立した寺で、本尊は子育て経読み延命地蔵である。境内の無患子《むくろじ》の実を使った無患子守りは「子が患わない」という縁起のお守りで親しまれている。

宝戒寺を出て、小町大路を南へ行くと日蓮辻説法跡がある。ここから直進し、❸**本覚寺《ほんがくじ》**へ。鎌倉幕府の守護神・夷神が祀られた地に建てられた日蓮宗の寺で、鎌倉七福神めぐりの人々も多く訪れる。ここから鎌倉十橋の一

本覚寺の「にぎり福」はぎゅっと握ってご利益祈願を。「愛・健・財・学・福」の5種類。1つ500円

COLUMN

光明寺で山門楼上を公開

光明寺では間口約16m、高さ約20mという鎌倉でも随一の大きさを誇る山門の楼上を春秋に特別公開する。釈迦三尊、四天王、十六羅漢などが祀られており、拝観できる貴重な機会だ。2階からは由比ヶ浜や富士山が眺められる。

サブコース

＊ゴールの飯島バス停からバスに乗らず、材木座海岸を滑川橋まで歩き、その後、若宮大路経由で鎌倉駅へ戻るか、和賀江嶋から逗子方面へ歩き、小坪漁港へ立ち寄り、買い物をしたのち、小坪バス停から鎌倉、または逗子駅へ戻るコースもおすすめ。

ヒント

＊小町大路から大町、材木座にかけて、車道との境界がない道を歩くこともあるので、車には十分注意しよう。
＊和賀江嶋の築港跡は干潮時にしか見られないので、到着のタイミングには気をつけよう。干潮時には磯遊びを楽しむ風景も見られる。

DATA 本覚寺「鎌倉えびす」 境内に夷堂があり、鎌倉七福神の夷神が祀られている。正月1～3日は初えびす、1月10日の本えびすは商売繁盛を願う人で賑わう。

上：大株のツツジが美しい安養院。山門や境内一面を鮮やかな赤紫色に染め上げる
左：材木座海岸はマリンスポーツが盛んだ

夏の光明寺では記主庭園に優雅なハスの花が開花する。7月下旬の土·日曜には、観蓮会が開かれ、抹茶席なども設けられる

つ、夷堂橋を渡り、比企谷の❹**妙本寺**《みょうほんじ》へ向かおう。文応元年（1260）に比企能本が一族の菩提を弔うために創建した日蓮宗最古の寺で、サクラ、カイドウ、シャガ、アジサイなど季節の花も見逃せない。

大町方面へ進むと、ツツジの寺として知られる❺**安養院**《あんようい ん》が見えてくる。北条政子の法名がその名の由来となった寺で、本堂には本尊・阿弥陀如来像とともに千手観音像と北条政子像が安置されている。

横須賀線踏切を渡り、源氏旗揚げに貢献した名将・三浦義明ゆかりの来迎寺、頼朝の祈願所として創建されたといわれる補陀楽寺へ。バス通りを逗子方面へ歩けば、浄土宗関東総本山❻**光明寺**《こうみょうじ》である。国の重要文化財である大殿、三尊五祖の石庭などで知られる。

光明寺を参拝後、材木座海岸の和賀江嶋へ向かおう。鎌倉時代に材木を船から荷降ろしする港として賑わった最古の築港遺跡で、材木座の名称も建築資材の集積が所以となっている。海岸の左端に❼**和賀江嶋**《わかえじま》**の碑**《ひ》が見える。

開放感あふれる海を堪能したら、飯島バス停から鎌倉駅へ戻ろう。

みちくさ

買う もんざ丸 前田水産

もんざまる まえだすいさん

材木座海岸入口に近い、獲れたてのしらすが人気の漁師直営店。釜揚げ、天日干しなどはおみやげに喜ばれる。秘伝の醤油ダレに漬け込んだ「生しらす沖漬け」はごはんやお酒によく合う絶品の味。タコ、サザエなど鎌倉の海の幸も手に入る。9～17時、無休(漁によって休みあり)。☎0467-22-2960

みちくさ

買う 鎌倉市農協連即売所

かまくらしのうきょうれんそくばいじょ

若宮大路の鎌倉郵便局並びにある、生産農家が直接販売するマーケット。通称レンバイ。毎日とれたての新鮮な鎌倉野菜が手ごろな価格で手に入るので人気が高い。地元ばかりでなく、都内のレストランのメニューにも「鎌倉野菜」の名が登場する。営業は8時頃から商品がなくなるまで。1月1～4日休。

小町大路～大町、材木座
①宇都宮辻子幕府跡
北条政子の死をきっかけに、頼朝有力御家人の宇都宮朝綱の屋敷があったこの地域に幕府が移された
②宝戒寺
③本覚寺
④妙本寺
⑤安養院
⑥光明寺
⑦和賀江嶋の碑
スタート
鎌倉駅
ゴール
飯島バス停
若宮大路幕府跡。鎌倉幕府滅亡までの98年間、政治の中心地だった
光明寺「三尊五祖の石庭」は浄土世界を石で表現した枯山水の庭園
8分
15分
6分
6分
9分
25分
15分
3分
134号線をくぐる
八幡宮前
鉄ノ井
横大路
八幡宮
若宮大路幕府跡
鎌倉市鏑木清方記念美術館
清川病院
妙隆寺
雪ノ下カトリック教会
若宮大路
二ノ鳥居
大巧寺
小町大路
レデンプトリスチン修道院
東勝寺跡・高時腹切りやぐら
祇園山ハイキングコース
(通行禁止)釈迦堂口切通
衣張山
大町釈迦堂口遺跡
鎌倉市
日蓮辻説法跡
蛇苦止堂
蛭子神社
鎌倉彫会館(鎌倉彫資料館)
夷堂橋
新羅三郎義光の墓
大宝寺
光明寺団地
買う
農協連即売所
鎌倉市
常栄寺
八雲神社
教恩寺
妙法寺
別願寺
名越
大町四ツ角
上行寺
湘南信金
延命寺
額田記念病院
安国論寺
妙行寺
本興寺
JR横須賀線
名越トンネル
元八幡
長勝寺
銚子ノ井
日蓮の乞水
緑ケ丘入口
清掃事務所
長勝寺松ヶ谷草庵跡
鎌倉女学院中・高
鎌倉署一の鳥居
第一小
清水湯
水道路
啓運寺
妙長寺
材木座霊園
若宮大路公園
保健福祉事務所
和田塚
上河原
来迎寺
音松神社
乱橋
五所神社
向福寺
実相寺
検察庁
裁判所
海岸橋
和田塚入口
鎌倉署
臨海学園
材木座5
鎌倉材木座局
九品寺前
九品寺
補陀洛寺
秋葉山三尺坊大権現
千手院
鎌倉海浜公園
滑川橋
もんざ丸 前田水産
材木座
由比ヶ浜海水浴場
材木座海水浴場
134
豆腐川
光明寺
蓮乗院
第一中
南ヶ丘団地入口
小坪トンネル
飯島トンネル
小坪海岸トンネル
相模湾
姥子台
小坪小
須賀神社
住吉神社
和賀江嶋
六角ノ井
正覚寺
神明社
小坪局
一の宮神社
海前寺
小坪寺
小坪飯島公園
小坪海岸
小坪港前
小坪漁港
0
300m
N

4 ハイキング

鎌倉市

獅子舞から鎌倉アルプスへ

二階堂川の流れに沿って紅葉に染まる谷をのぼり、北鎌倉の古刹をめざす

獅子舞の谷は鎌倉でも人気の高い紅葉名所。頭上に覆いかぶさるように迫るモミジとイチョウの高木が鮮やかな赤と黄色に谷一帯を染め上げる

アクセス

行き 東京駅からJR横須賀線で約56分の鎌倉駅下車。京急バス大塔宮行きに乗り換えて約8分の終点下車。

帰り 北鎌倉駅からJR横須賀線で約50分の東京駅下車。

問合せ先

鎌倉市観光協会☎0467-23-3050
鎌倉市観光総合案内所☎0467-22-3350
京浜急行バス鎌倉営業所 ☎0467-23-2553

スタート 大塔宮バス停
⇐ 徒歩7分
❶ 永福寺跡
⇐ 徒歩30分
❷ 獅子舞の谷
⇐ 徒歩10分
❸ 天園
⇐ 徒歩30分
❹ 十王岩
⇐ 徒歩5分
❺ 勝上献
⇐ 徒歩5分
❻ 建長寺半僧坊
⇐ 徒歩15分
❼ 建長寺総門
⇐ 徒歩20分
北鎌倉駅 **ゴール**

歩行時間 約2時間

歩行距離 約6km

歩　数 約12000歩

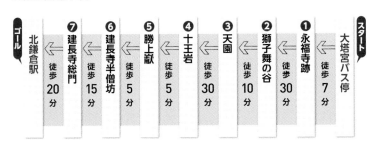

4 獅子舞から鎌倉アルプスへ

十王岩に立つ展望碑。眺望を楽しむには小高い岩の上に移動する

勝上嶽展望台から眺める広々とした景観を前にしばし休憩

天園から眼下に鎌倉市街を眺望。中央には稲村ヶ崎、さらに青い相模湾が広がる

二階堂川の沢沿いに上っていく獅子舞への山道。沢水が流れ、滑りやすい場所も

大塔宮バス停を降り、鎌倉宮を回り込むように住宅街を進むとほどなく、史跡❶**永福寺《ようふくじ》跡《あと》**である。テニスコートの手前を左折して山側遊歩道に近い入口から入り、復元された御堂跡の基壇や苑池をめぐってみよう。晩秋になると、池の面に紅葉した背後の山並みが映り込み、風情豊かな景観を楽しむことができる。

北側の入口を出てから二階堂川沿いを進み、亀ヶ淵橋を渡ると間もなく天園へ向かう山道へと入る。源流部からの沢水で滑りやすくなっているところもあるので、足元に気をつけて慎重に上ろう。15分ほど山道を分け入ると、モミジやイチョウの高木が覆いかぶさるように集まる❷**獅子舞《ししまい》の谷《たに》**だ。例年12月上旬～中旬には、多くのハイカーがしばし足を留める人気の紅葉ポイントである。

降り積もった落ち葉を踏みしめながら山道を上りきれば、間もなく相模湾や鎌倉市街を眺望する展望地、❸**天園《てんえん》**である。北鎌倉の建長寺、二階堂の瑞泉寺、横浜各方面への分岐点でもある。

尾根道を建長寺方向へ進み、10分ほど歩くと、鎌倉市最高地点159・2mの案内板が

「獅子舞の谷」と呼ばれるのは、うずくまった獅子のような奇岩があちこちに点在するからだという

COLUMN

谷戸が育む豊かな鎌倉の自然

鎌倉に多い谷戸は、市街地の近くにありながら、源流の森から川、海へと豊かな自然環境をつないでいる貴重な場所だ、鎌倉アルプスを背負う獅子舞の谷を流れる二階堂川では、サワガニなどの小さな生きものも観察できる。

サブコース

＊建長寺から瑞泉寺に至る約4kmの天園ハイキングコース本道には、覚園寺方面へ下る覚園寺道のほか、明月院、今泉台、獅子舞、横浜市金沢方面へ分ける道があるので、季節やプランごとにコースを替えてリピートするのも鎌倉ハイキングの楽しみである。

ヒント

＊2019年秋の台風被害で、天園ハイキングコースの天園～瑞泉寺間が通行止めになっている。鎌倉市観光協会のHPで確認してから出かけよう。紅葉シーズンには、獅子舞の谷を上るコースを行くと覆いかぶさるような迫力の紅葉が待っている。12月上旬が見頃。

N
0
200m
鎌倉カントリークラブ
横浜市金沢方面からの道。
横浜市との市境で横浜市
内最高地点の看板が立つ
広場
クラブハウス
金沢自然公園、
能見台緑地方面へ
大平山
159
30分
❸天園
天園休憩所
10分
❷獅子舞の谷
谷を覆いつくす
紅葉が美しい
30分
台風の破害で天園～
瑞泉寺間は閉鎖中
天園ハイキングコース
二階堂川
天台山
141
貝吹地蔵
渕橋
瑞泉寺口
瑞泉寺
智光寺跡
熊野神社
浄妙寺
浄明寺(四)
浄明寺(三)
浄明寺
204
青砥橋
報国寺
十二所
泉水橋
明石橋
泉水橋
旧華頂宮邸

半僧坊からは深い緑の中に佇む建長寺の大伽藍を眺望する

ある大平山、さらに歩を進めると❹**十王岩**《じゅうおういわ》だ。すぐ隣の岩の上から一直線に延びる若宮大路などの市街や由比ヶ浜の海が遠望できる。緩やかな起伏の尾根道を進むと、建長寺と明月院への分岐となる❺**勝上巘**《しょうじょうけん》である。

ここでは急な階段を下り、建長寺方向へ。半僧半俗姿の半僧坊大権現を祀る❻**建長寺半僧坊**《けんちょうじはんそうぼう》の境内に立ち並ぶいくつもの天狗の像を眺めながら、さらに下ると建長寺法堂、仏殿が点在する重厚な伽藍へ。❼**建長寺総門**《けんちょうじそうもん》を出ると北鎌倉駅までは20分ほどの道のりだ。

みちくさ

食べる

禅茶寮 点心庵

ぜんさりょう てんしんあん

建長寺門前に静かな佇まいを見せる食事処。茶禅一味を基本とした無駄のない室礼が落ち着いた時間を提供してくれる。建長寺で採蜜された蜂蜜を使った鎌倉はちみつカレーや鎌倉はちみつプリンなども人気の一品。「伝承 建長汁」は建長寺直伝の味。

DATA 禅茶寮 点心庵　店内のギャラリーでは、陶芸、彫刻、鎌倉彫など鎌倉で活動する作家の作品を展示。ランチ11～16時、ディナーは予約のみ。月曜休。☎0467-55-9350

獅子舞〜鎌倉アルプス
今泉不動
今泉台(一)
今泉台(二)
今泉台(四)
今泉台(五)
円覚寺
大船駅へ
ゴール
北鎌倉駅
北鎌倉
東慶寺
北鎌倉葉祥明美術館
明月院
明月院
浄智寺
山ノ内
20分
上町
今泉台住宅地口
4 十王岩
5分
5 勝上献
145
5分
6 建長寺半僧坊
受付で建長寺拝観料を払う
天源院
龍峰院
回春院
15分
建長寺
鎌倉学園中・高
長寿寺
建長寺
禅居院
妙高院
西来庵
7 建長寺総門
円応寺
食べる 禅茶寮 点心庵
21
西御門(一)
JR横須賀線
扇ガ谷(四)
海蔵寺
今泉台6丁目公園入口
百八やぐら
鷲峰山
覚園寺
庚申塔
覚園寺口
1 永福寺跡
二階堂
第二中
県立近代美術館鎌倉別館
八幡宮裏
スタート
大塔宮バス停
鎌倉宮
荏柄天神社
7分
WC
鶴岡八幡宮
鎌倉文華館鶴岡ミュージアム
鎌倉中
鎌倉小
清泉小
寿福寺
いわや不動
93
源氏山
岐れ道
第二小
鎌倉女子大
杉本寺
杉本観音
八幡宮
雪ノ下(一)
小町通り
雪ノ下局
宝戒寺
レデンプトリスチン修道院
若宮大路
雪ノ下カトリック教会
東勝寺跡
二ノ鳥居
市役所前
鎌倉駅
鎌倉市役所
駅入口
御成小
鎌倉局
本覚寺
妙本寺
逗子駅へ
衣張山

半僧坊の階段脇で迎える何体もの烏天狗(左)。半僧坊富士見台では富士山の眺望を楽しめる

十王岩わきの岩場から鎌倉市街や海を見渡せる

分岐を覚園寺方向へ少し下った杉ヶ谷と呼ばれる一帯に多数のやぐらが点在

大塔宮バス停は覚園寺コース、獅子舞コースなど天園ハイキングの起終点

5 史跡・寺社

鎌倉市

瑞泉寺から金沢街道へ

境内を彩る花の香りに誘われて 歴史ある古社寺をめぐる街道散策

足利氏代々の菩提寺である浄妙寺。春には本堂前のサンシュユやウメが味わい深く咲き、境内の枯山水のある茶席「喜泉庵」で一服いただくひとときも格別

アクセス

行き 東京駅からJR横須賀線で約56分の鎌倉駅下車。京急バス大塔宮行きに乗り換えて約8分の終点下車。

帰り 十二所バス停から京急バス鎌倉駅行きで約12分の終点下車。往路を戻る。

問合せ先

鎌倉市観光協会☎0467-23-3050

鎌倉市観光総合案内所☎0467-22-3350

京浜急行バス鎌倉営業所 ☎0467-23-2553

スタート 大塔宮バス停
⇐ 徒歩14分
❶ 瑞泉寺
⇐ 徒歩17分
❷ 荏柄天神社
⇐ 徒歩8分
❸ 杉本寺
⇐ 徒歩7分
❹ 報国寺
⇐ 徒歩6分
❺ 浄妙寺
⇐ 徒歩15分
❻ 明王院
⇐ 徒歩8分
❼ 光触寺
⇐ 徒歩3分
ゴール 十二所バス停

歩行時間 約1時間20分

歩行距離 約5km

歩数 約10000歩

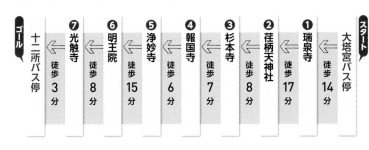

朱色の社殿と紅梅があでやかさを引き立てる荏柄天神社の境内

名勝・瑞泉寺庭園は開山の無窓疎石が作庭した岩の庭で発掘復元されている

花の寺としても人気が高い瑞泉寺。長い石段を上り、山門をくぐると本堂前のウメが香り、足元にはスイセンも咲く

大塔宮バス停を降り、鎌倉宮前を左へ回り込むと間もなく、史跡公園として整備されている永福寺跡だ。右手の二階堂川にかかる通玄橋を渡り、しばらく住宅が続く道を進むと紅葉ケ谷の奥に、❶**瑞泉寺**《ずいせんじ》が静かな佇まいを見せる。寺の三方から山が迫り、鮮やかな紅葉の美しさから錦屏山の山号を有し、早春には、本殿前の天然記念物の黄梅をはじめ、数多くの白梅が次々と開花し、長い期間にわたって楽しませてくれる。

来た道を戻り、菅原道真を祀る古社で学問の神様として親しまれている❷**荏柄天神社**《えがらてんじんしゃ》へ参拝しよう。本殿前で一対をなす早咲きの寒紅梅や古代青軸など、多数のウメが彩る境内はとりわけあでやかだ。鎌倉市立第二小学校わきを通り、金沢街道へ。左折し、しばらく歩くと左側に❸**杉本寺**《すぎもとでら》の石段が現れる。創建が天平6年（734）という鎌倉最古の天台宗寺院で、坂東三十三観音霊場一番札所でもある。茅葺の本堂には三体の十一面観音像が安置されている。

金沢街道を東へ向かい、標識にしたがって右へ折れると竹の寺で名高い❹**報国寺**《ほうこくじ》だ。本

鎌倉の寺社の春は彩り豊かなウメが風情よく咲き、参拝客を迎えてくれる

COLUMN

政治、物流の中心となった金沢街道

中世鎌倉の大動脈で「塩の道」と呼ばれた金沢街道は、足利公方の本拠地として関東一円を治める政治の要でもあった。街道沿いには、浄妙寺、報国寺など足利氏ゆかりの古寺も点在。街道沿いには、足利公方邸跡碑が立っている。

サブコース

＊金沢街道の十二所バス停から歩いて20分ほどの十二所果樹園にはおよそ400本の白梅が咲く。2019年の台風被害で2021年3月まで閉鎖されていたが、その後、散策路は通行可能になった。やや健脚向きの観梅名所。本コースに宝戒寺を加え、枝垂れ梅や紅白梅鑑賞もおすすめ。

ヒント

＊梅見の散策では開花期が場所や品種によって異なるので、開花情報を得てから出かけよう。瑞泉寺本殿前のウメの見頃は2月中旬以降。山門前の梅林は本殿前よりさらに遅れて咲く。荏柄天神社の本殿右側の寒紅梅は鎌倉一の早咲きのウメで1月下旬から咲き始める。

明王院ではかつて五大明王がそれぞれ大きなお堂に祀られていた

光触寺の塩嘗地蔵伝説は昔の街道の賑わいを伝えている

孟宗竹が美しい報国寺。竹林を前に静かな時間が過ぎていく

杉本寺のご本尊は三体の秘仏十一面観音像。源頼朝寄進の御前立十一面観音像（運慶作）も安置されている

堂の奥に美しい竹林が広がり、ゆったりと散策できる小道が設けられている。心静かに竹の庭を眺めながらいただく抹茶に、ひととき疲れが癒される。金沢街道へ戻り、すぐに左の道を入ると正面に見えるのが鎌倉五山の寺格を有する古刹、❺**浄妙寺**《じょうみょうじ》である。国指定史跡となっている明るく広々とした境内にウメやサンシュユが咲くころ、春を求めて多くの人が山門をくぐる。かつて僧たちが茶を喫したという庵が本堂左手に復元され、庭園を観賞しながら抹茶をいただくこともできる。

金沢街道沿いに東へ進もう。明石橋信号手前を左折すると道の奥に、鎌倉幕府の鬼門除け祈願寺として創建されたと伝わる❻**明王院**《みょうおういん》の茅葺屋根の本堂が見えてくる。元寇襲来の際に異国降伏祈祷も行われたという。素朴ながら重厚な佇まいに引き付けられる寺である。この先は十二所まで歩き、「頬焼阿弥陀」や「塩嘗地蔵」の言い伝えが残る❼**光触寺**《こうそくじ》に参拝して帰ろう。ここからウメの花名所である十二所果樹園も近い。帰りは十二所バス停から鎌倉駅へ戻ろう。

鎌倉霊園
鎌倉霊園正面門太刀洗
吉沢川
十二所神社
十二所神社
稲荷小路
204
❻明王院
ゴール
十二所バス停
WC
❼光触寺
3分
8分
宇佐小路
明石橋
明石
N
0
200m
逗子ハイランドへ

みちくさ

見る 食べる 一条恵観山荘《いちじょうえかんさんそう》

江戸時代初期、後陽成天皇の第九皇子、一条恵観が築いた雅な山荘を京都西賀茂から移築し、庭石や枯山水の庭園とともに公開。茅葺屋根の田舎家風でありながら雅な心を随所に込めた建物、技を凝らした建具が、当時の宮中の文化をよく伝えている。四季の草花が彩る庭園をめぐり、かふぇ楊梅《やまもも》亭でゆっくり抹茶をいただくひとときは至福の時間だ。建物内部の見学会も開催。詳細はHPで確認を。国指定重要文化財。

右上：茅葺屋根の山荘には素朴な自然建材が多用されている
右下：庭園の花手水が奥ゆかしい
左：緑に包まれて歩く「紅葉の小径」は気持ちのいい散策路

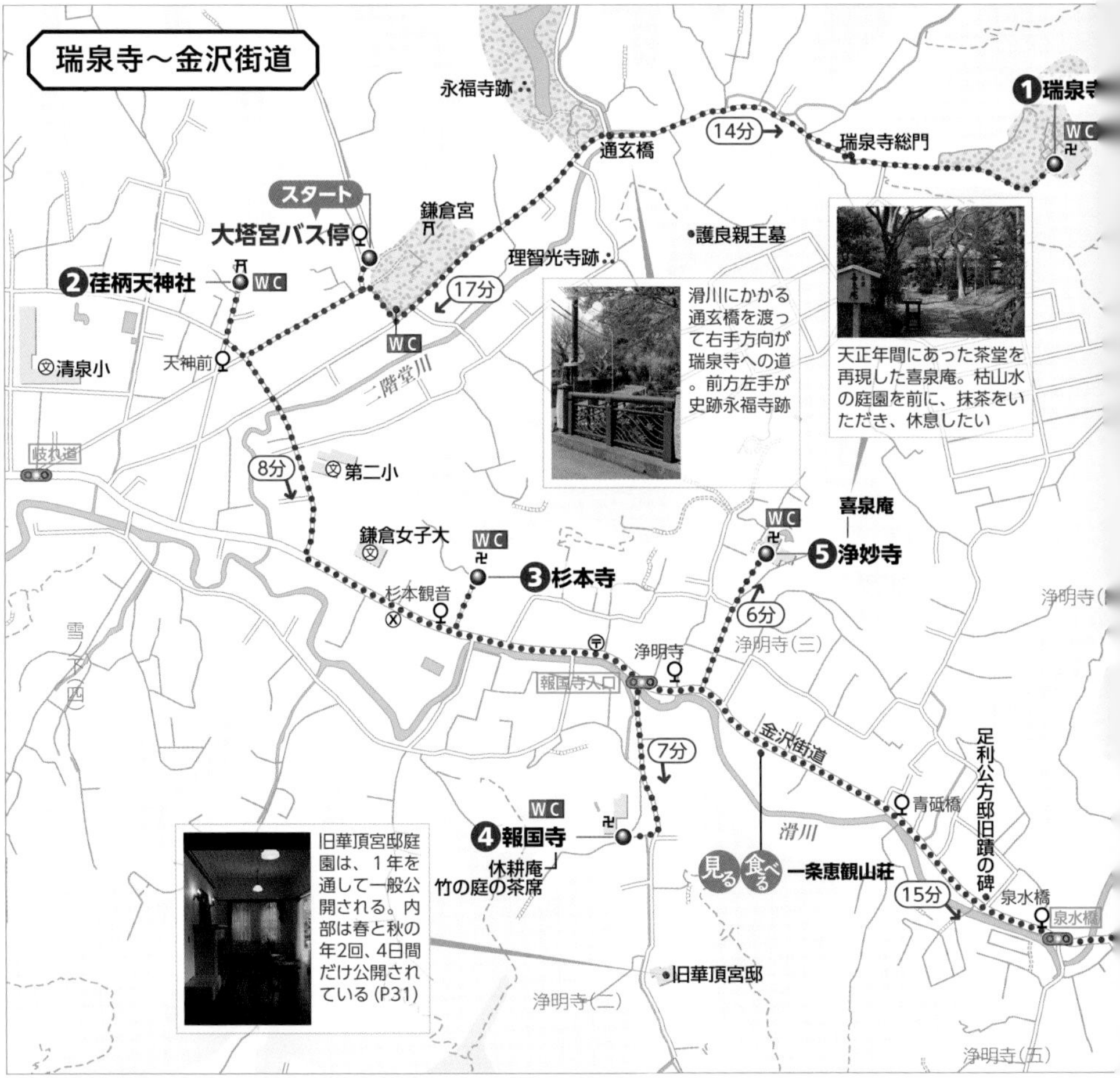

DATA 一条恵観山荘　庭園10～16時、定休日はHP(https://ekan-sanso.jp)で確認、500円。山荘建物見学は要予約、1500円（入園料含む）、1日4回50分程度。☎0467-53-7900

6 ハイキング

鎌倉市

衣張山から巡礼古道へ

観音信仰の歴史にふれる巡礼道を歩き、山頂から輝く海を眺望する

上：衣張山山頂は標高120.6m。南側が開けており、鎌倉市街とその向こうに相模湾が広がって見える
右：衣張山のハイキングコース沿いに今も残る石塔が、坂東三十三観音霊場巡礼の歴史を偲ばせる
左：かつて杉本寺と岩殿寺をつないでいた巡礼古道は今では、逗子ハイランド地点まで残るのみ

アクセス

行き 東京駅からJR横須賀線で約56分の鎌倉駅下車。京急バス金沢八景駅行きなどに乗り換えて約7分の杉本観音バス停下車。

帰り 岐れ路バス停から京急バス鎌倉駅行きで約6分の終点下車。往路を戻る。

問合せ先

鎌倉市観光協会☎0467-23-3050
鎌倉市観光総合案内所☎0467-22-3350
京浜急行バス鎌倉営業所
☎0467-23-2553

スタート 杉本観音バス停
← 徒歩2分
❶ 杉本寺
← 徒歩35分
❷ 衣張山山頂
← 徒歩8分
❸ 鎌倉市子ども自然ふれあいの森
← 徒歩25分
❹ 巡礼古道
← 徒歩30分
❺ 旧華頂宮邸
← 徒歩3分
❻ 報国寺
← 徒歩15分
ゴール 岐れ路バス停

歩行時間	約2時間
歩行距離	約5km
歩数	約10000歩

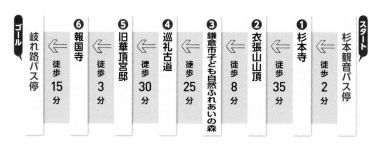

浅間山から眺める広々とした景観に思わず足を留める。衣張山山頂から歩いて5分ほどの地点だ

衣張山への山道は短い距離だが、山頂まで急坂が続く

衣張山にはかつて石切り場として利用されていた跡が残る。内部は洞窟のようだ

観音霊場一番札所の杉本寺は鎌倉最古の寺。内陣の観音様にお参りしよう

杉本観音バス停で降り、坂東三十三観音霊場一番札所の❶**杉本寺**《すぎもとでら》へ参拝してから歩き始めよう。滑川にかかる犬懸橋から川沿いに進むと、東西に延びる「田楽辻子《でんがくずし》のみち」に出る。鎌倉時代、田楽法師が住んでいたことから名づけられた名称だ。「上杉朝宗及氏憲邸阯」の史碑近くに立つ「平成巡礼道」の表示にしたがって谷戸の奥へ進もう。

この先は衣張山《きぬばりやま》を経て逗子、名越《なごえ》方面へ至る衣張山ハイキングコースだ。舗装の道が終わると、やがて緑濃い杉木立に囲まれた山道が始まる。次第に急坂となっていく石段を上り、路傍の石仏や道祖神を見ながら、ジグザグと山頂をめざす。細くて急な上りだが、道は歩きやすい。頂上の手前で山道は二手に分かれる。どちらからでも山頂へ行けるが、鎌倉石の石切り場跡が残っている左の道を通って頂上へ。上りつめれば❷**衣張山山頂**《きぬばりやまさんちょう》だ。標高120m。緑の峰が連なる彼方には青い海原が広がる。市街地からこんなに近いところで絶景を堪能できるのも鎌倉ならでは。山頂から尾根伝いに南東へ下って行くと、もう一つのピーク、浅間山《せんげんやま》だ。ここからも広々と

衣張山山頂の手前で見かけた男女が寄り添った双体道祖神。子孫繁栄を願った愛らしい守り神である

COLUMN

地蔵尊が今も見守る巡礼古道

鎌倉・杉本寺と逗子・岩殿寺を結ぶ巡礼古道は、昔、坂東三十三観音の霊場巡拝で多くの巡礼者が歩いた道。「金剛窟地蔵尊」という等身大の地蔵立像が彫られたやぐら(写真)や庚申塔など、当時を偲ばせる信仰の名残が今も残る。

サブコース

＊衣張山ハイキングコースから浄明寺緑地、名越切通を通過して大町、材木座方面へ向かうコース、または逗子ハイランド方面の住宅地から岩殿寺を参拝し、逗子駅へ帰るコースも。名越切通の近辺では、お猿畠の大切岸、まんだら堂やぐら群など歴史遺構が興味深い。

ヒント

＊観音信仰の巡礼道だったため、石仏など信仰の名残がハイキングコース沿いに点在する。衣張山山頂や浄明寺緑地周辺のパノラマ台、展望広場など見晴らしを楽しめる場所も多い。山頂付近では名越切通、逗子ハイランド、巡礼古道方面への分岐に注意して進もう。

宅間ヶ谷にある報国寺の境内では静寂な時間が流れる

滑川沿いに続く「田楽辻子のみち」。鎌倉時代に御家人や田楽師の屋敷があったという

旧華頂宮邸は深い谷戸の緑を背負って立つ趣のある洋風建築

かまくら幼稚園の近くに「関東の富士見百景」の案内板が立つ。ここも絶景ポイント

巡礼古道への標識板を見ながら、左側の山道を下る

視界が開けている。

浅間山から南へ下っていくと、浄明寺緑地の一角に❸**鎌倉《かまくら》市《し》子《こ》ども自然《しぜん》ふれあいの森《もり》**が広がる。衣張山登山道、巡礼古道・報国寺方面、名越方面の3つの道への分岐で名越方面へ進むとすぐに、展望広場やパノラマ台への道が分かれており、晴れた日に足を延ばせば、富士山、箱根、伊豆、丹沢などの眺望を楽しむことができる。

元の分岐へ戻り、❹**巡礼《じゅんれい》古道《こどう》**の標識のある地点から細い山道を下って報国寺方面をめざそう。札所をつなぐ巡礼道は複数あったようで、なかでも、この古道は古くから歩かれていた道という。山際には庚申塔が並び、巡礼道としての痕跡が残る。宅間《たくま》ヶ谷《やつ》の舗装路へたどり着いたら、報国寺とは反対方面へ少し戻り、国の登録有形文化財、❺**旧《きゅう》華《か》頂宮《ちょうのみや》邸《てい》**を訪ねよう。美しいフランス式庭園は週5日、一般公開している。❻**報国寺《ほうこくじ》**に参拝し、美しい竹林に身を置けば、疲れも少し軽くなる。

帰りは、「田楽辻子のみち」を歩き、岐《わか》れ路バス停から鎌倉駅へ向かおう。

N
0
200m
泉水教会
寺(五)
松久寺
やぐらや庚申塔などが残る古くから歩かれていた巡礼道
東泉水
30分
巡礼古道の入口へはこの広場を横切って行く
浄明寺(六)
夕陽台公園
夕陽台公園
❹巡礼古道
逗子市
鎌倉逗子ハイランド
木ハイランド
スポーツ広場
西友ストアー前
逗子ハイランド局
久木(八)
展望広場

みちくさ

見る 旧華頂宮邸《きゅうかちょうのみやてい》

昭和初期に建てられた華頂公爵邸。鎌倉に現存する戦前の洋風建築物としては鎌倉文学館に次ぐ規模。建物の東側に広がるフランス式庭園が背後の宅間ヶ谷の緑に溶け込んで美しい景観を作り出しており、バラ、アジサイなど四季の花々を楽しむこともできる。庭園は通年、建物内部は春秋に公開。

COLUMN

歴史と豊かな自然を残す宅間ヶ谷

竹林で知られる報国寺(写真)や旧華頂宮邸のある一帯を宅間ヶ谷と呼ぶ。谷戸一帯が報国寺の寺領だったという歴史や川端康成も作品に投影した自然の豊かさ、ボランティアが守る四季の景観など、歩いて触れたい魅力が多彩な地だ。

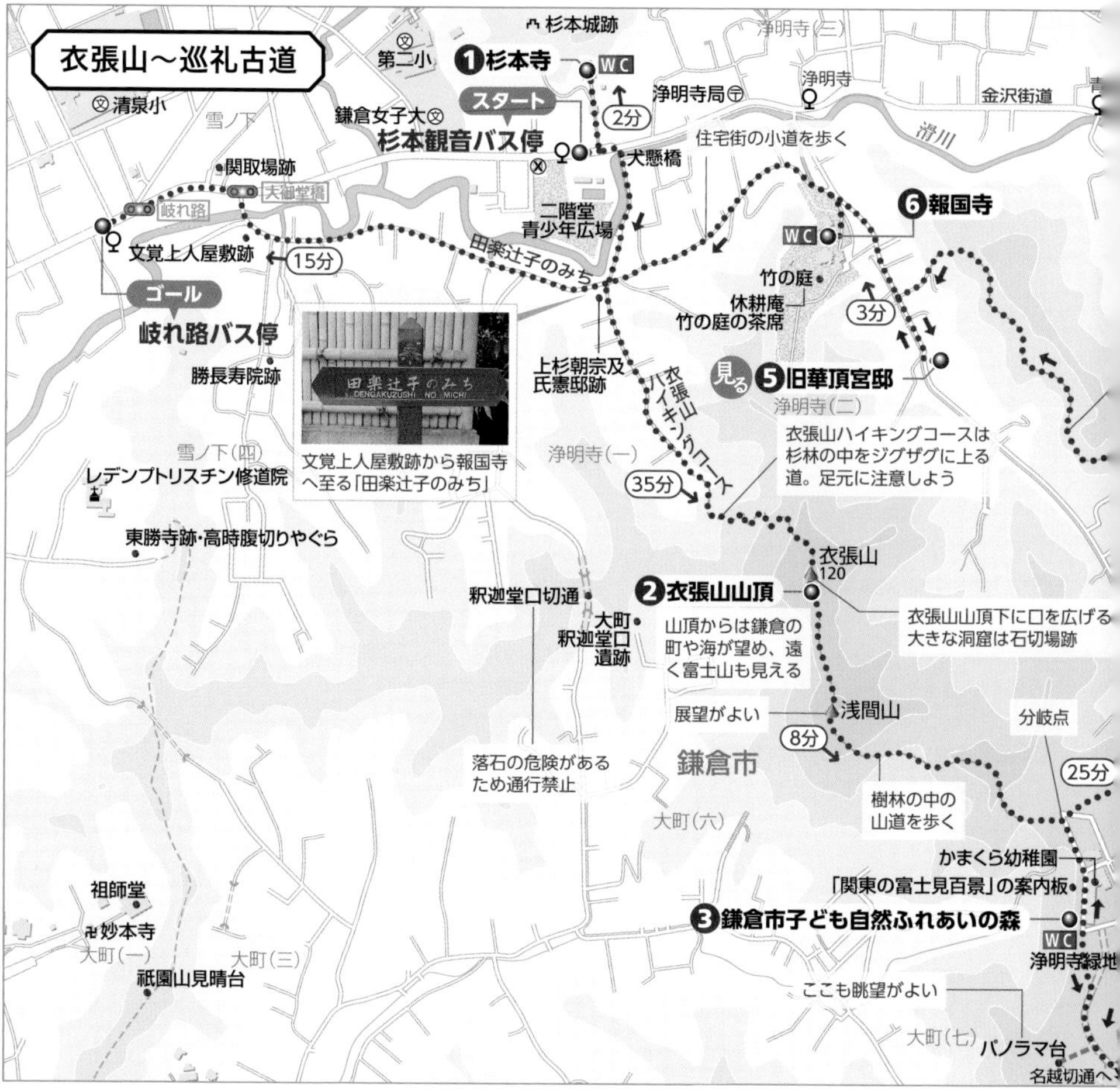
衣張山～巡礼古道
杉本城跡
第二小
清泉小
雪ノ下
鎌倉女子大
スタート
杉本観音バス停
❶杉本寺
WC
2分
浄明寺局
浄明寺
金沢街道
滑川
大懸橋
住宅街の小道を歩く
浄明寺(三)
関取場跡
大御堂橋
岐れ路
文覚上人屋敷跡
15分
二階堂
青少年広場
田楽辻子のみち
❻報国寺
竹の庭
休耕庵
竹の庭の茶席
3分
ゴール
岐れ路バス停
勝長寿院跡
田楽辻子のみち
DENGAKUZUSHI NO MICHI
文覚上人屋敷跡から報国寺へ至る「田楽辻子のみち」
上杉朝宗及氏憲邸跡
衣張山ハイキングコース
見る ❺旧華頂宮邸
浄明寺(二)
浄明寺(一)
衣張山ハイキングコースは杉林の中をジグザグに上る道。足元に注意しよう
35分
雪ノ下(四)
レデンプトリスチン修道院
東勝寺跡・高時腹切りやぐら
衣張山
120
❷衣張山山頂
衣張山山頂下に口を広げる大きな洞窟は石切場跡
釈迦堂口切通
大町
釈迦堂口遺跡
山頂からは鎌倉の町や海が望め、遠く富士山も見える
展望がよい
浅間山
分岐点
8分
鎌倉市
落石の危険があるため通行禁止
25分
樹林の中の山道を歩く
大町(六)
かまくら幼稚園
「関東の富士見百景」の案内板
❸鎌倉市子ども自然ふれあいの森
浄明寺緑地
祖師堂
妙本寺
大町(一)
大町(三)
祇園山見晴台
ここも眺望がよい
大町(七)
パノラマ台
名越切通へ

DATA 旧華頂宮邸　庭園公開10～16時（10～3月は～15時）、月・火曜（祝日の場合は翌平日）・年末年始休、無料。建物内部公開は春と秋の2回。詳細は鎌倉市都市景観課☎0467-61-3477

7 史跡・寺社

鎌倉市・逗子市

杉本寺から長谷寺へ

源頼朝が深く信仰した坂東三十三観音霊場の一番から四番札所を巡礼

「十一面杉本観音」と書かれた白旗がはためく坂東三十三観音霊場第一番札所・杉本寺。本堂では本尊である三体の十一面観音立像、源頼朝が寄進した前立十一面観音立像などが祀られている

アクセス

行き 東京駅からJR横須賀線で約56分の鎌倉駅下車。京急バス金沢八景行きなどに乗り換えて約7分の杉本観音バス停下車。

帰り 長谷駅から江ノ島電鉄鎌倉駅行きで約5分の終点下車。JR横須賀線に乗り換えて往路を戻る。

問合せ先

鎌倉市観光協会☎0467-23-3050
鎌倉市観光総合案内所☎0467-22-3350
逗子市観光協会☎046-873-1111

スタート 杉本観音バス停 ⇐ 徒歩2分 ⇐ ❶杉本寺 ⇐ 徒歩65分 ⇐ ❷岩殿寺 ⇐ 徒歩50分 ⇐ ❸安養院 ⇐ 徒歩40分 ⇐ ❹長谷寺 ⇐ 徒歩5分 ⇐ ゴール 長谷駅

歩行時間 約2時間40分
歩行距離 約8km
歩数 約16000歩

頼朝も篤い信仰を寄せた坂東三十三観音霊場第二番札所の逗子市久木の岩殿寺。見事な龍の彫刻が施された観音堂は江戸時代の再建という

運慶作と伝わる赤い仁王像が安置される杉本寺仁王門。茅葺きの趣が寺の歴史を感じさせる

西国三十三カ所、秩父三十四カ所と合わせて日本百観音といわれる坂東三十三カ所観音霊場。鎌倉時代にはじまる観音霊場の一番から四番札所が鎌倉市と逗子市に点在している。慈悲深い観音様にお参りして般若心経をあげ、ご朱印をいただけば、気持ちも清々しく、自分と向き合う貴重な時間となるはずだ。

杉本観音バス停で降り、一番札所の❶**杉本《すぎもと》寺《でら》**に向かう。急峻な石段の向こうに見える茅葺の本堂は、質朴でありながら厳かな佇まいを見せる。本尊は史上高名な、開祖・行基をはじめとする三僧の作である十一面観音像三体である。大火の折、三体の観音像が自力でスギの木の下に避難して無事だったことから「杉本」の観音といわれている。

二番札所である逗子の❷**岩殿寺《がんでんじ》**へは、滑川に架かる華の橋を渡り、宅間川沿いから逗子ハイランドの住宅地を経て訪ねよう。岩殿寺は養老5年(721)、行基の創建となる古刹。山門から本堂、子育地蔵、鐘楼と拝観し、合わせて百段を越える石段を上りきったところが十一面観音を祀る観音堂である。背後には寺名の由来となった「奥の院岩殿観音」が祀

札所巡拝にご朱印帳は必携。寺院でもオリジナルのご朱印帳を販売しており、参拝前に購入することもできる

COLUMN

「四万六千日詣」で賑わう8月10日

坂東三十三観音霊場の寺では、観音様の縁日となっている8月10日にお参りすると、四万六千日お参りをしたのと同じご利益、功徳を授かるとされている。「四万六千」とは人々が一生を無病息災で過ごせるように願った数字で、この日には「四万六千日」の印を押されたご朱印をいただくことができる。毎年、早朝から、札所である杉本寺から長谷寺まで4つの寺では訪れる参拝者で賑わう。

サブコース

＊健脚派でないと一番から四番を1日で歩いてめぐるのは難しいかもしれない。岩殿寺から安養院へは鎌倉駅行きバスを利用。長谷寺は鎌倉駅と長谷駅の間を江ノ電利用。杉本寺は鎌倉駅からバスを利用。交通機関と歩行を組み合わせて無理のないコース設定を。

ヒント

＊ここでは一番から四番へと順番通りに札所をめぐるコースを設定したが、古来より順番は自由であったという。何回かに分けてもいい。まずは、参拝したいお寺からはじめ、楽しみながらめぐることである。花や紅葉の季節などに観音様にお参りするのも幸せである。

上：第四番札所・長谷寺の本尊・十一面観音像が安置されている観音堂。ご朱印は併設の朱印所でいただくことができる
左上：長谷寺観音堂に隣接した観音ミュージアムでは御前立十一面観音像とその周囲を取り囲む三十三応現身像の迫力ある展示が見られる

上：安養院境内にある2基の宝篋印塔のうち、左が北条政子の墓と伝えられる

左：安養院の千手観音は北条政子も篤く信仰した観音様。良縁観音として親しまれている

第一番札所（本尊・三体の十一面観音像）
❶杉本寺
WC
熊野神社
浄妙寺
報国寺入口
浄明寺
報国寺
WC
204
滑川
苔むした石段は通行できず、左の拝観者用石段を上る。気をつけて上がろう
旧華頂宮邸
松久寺
報国寺前の道をまっすぐに進むと逗子ハイランドの住宅地から岩殿寺方面へ歩くことができる
65分
鎌倉逗子ハイランド
逗子ハイランド局
岩殿寺納経所。観音堂までは急な石段を上がるので、無理をしないようにゆっくりと歩こう
お猿畠の大切岸
法性寺
池子の森自然公園
❷岩殿寺
第二番札所（本尊・十一面観音像）
久木中
久木
逗子市
久木小
聖和学院高・中
311
久木ハイランド入口
小坪入口
N
0
500m

られている。高みにある境内からは市街の遠望も見事だ。

踏切を渡って県道311号を西へ進む。トンネルを3つ過ぎ、再び踏切を渡れば三番札所の❸安養院《あんよういん》は間もなくである。北条政子の法号を寺名とした寺で、本堂には本尊の阿弥陀如来坐像とともに田代寺から移された千手観音立像が祀られている。政子が頼朝の菩提を弔うために開いた寺が前身といわれ、政子と深いゆかりのある寺である。

大町四ツ角、下馬《げば》交差点を経て、四番札所の❹長谷寺《はせでら》に向かおう。花や樹木も豊かな下境内の回遊式庭園から上の境内へ上がると、観音堂、阿弥陀堂などの諸堂が並ぶ。観音堂に安置された本尊の十一面観音像は、木造では日本最大級で、1本のクスノキの霊木から彫られたとの縁起が伝えられる。高さが9・18m、右手に錫杖を携えて穏やかな表情で参拝者を迎えてくれる。観音堂内に併設された朱印所でいただいたご朱印を新たな糧とし、帰路は長谷駅から江ノ電に乗って鎌倉駅へ向かおう。

COLUMN

ご朱印は心をこめていただくもの

ご朱印は納経印ともいい、本来は自らの手で写経し、それを寺院に奉納した証としていただくものだが、今日ではお参りののちにいただくことができる。お札と同様にご本尊に敬意を払って授かるものなので、まずは神聖な気持ちでお参りをしたい。一番札所からめぐると願いを起こす「発願」、三十三番目の寺の参拝が済むと「結願」の印をいただける。満願となったときの心の安らぎ、達成感は大きい。

長谷寺に伝来する6面の「十一面観音懸仏」(国重文)。直径70～80cmの大型で、壁などに懸けて礼拝したものという

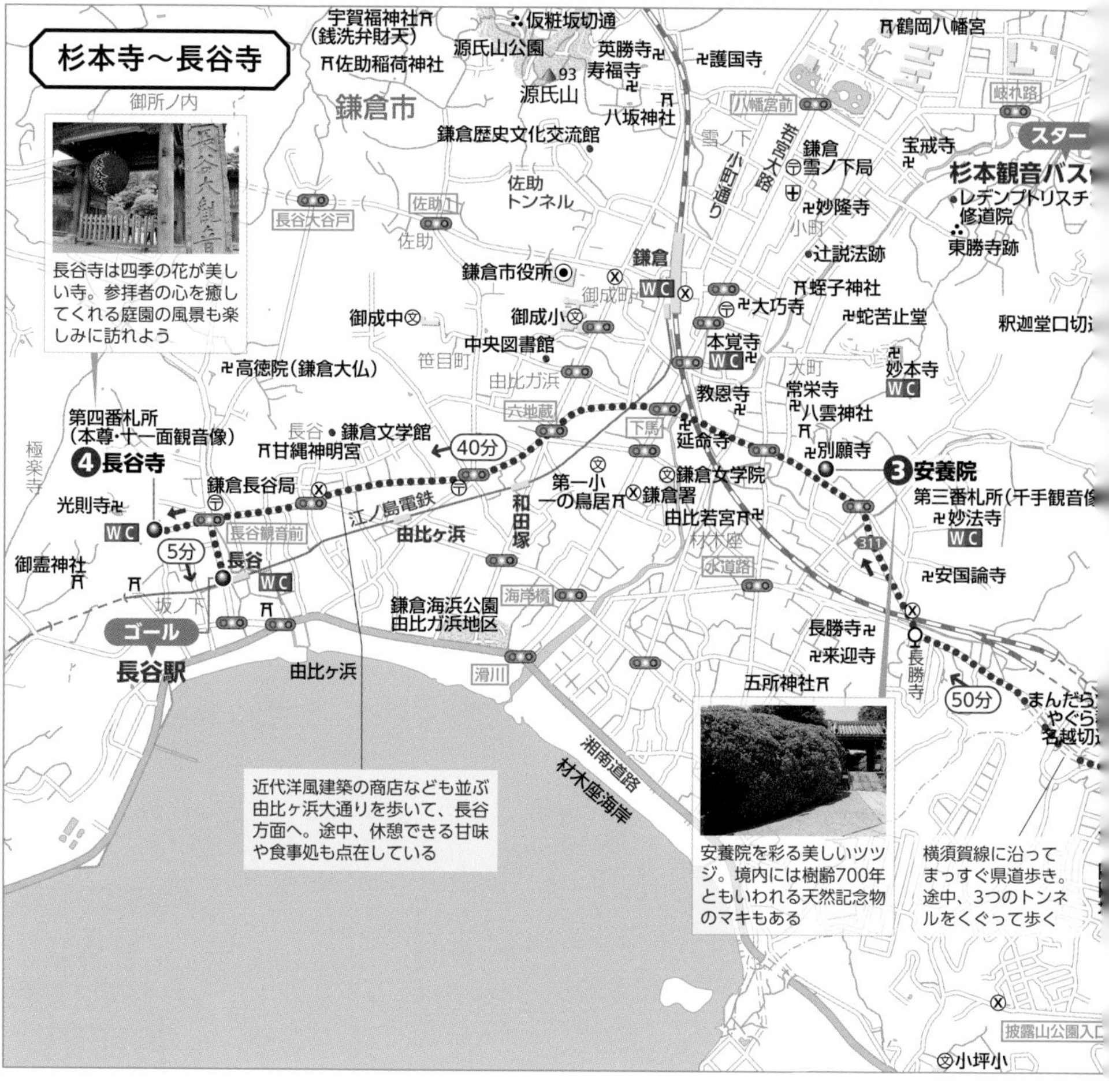

8 史跡・寺社

鎌倉市・藤沢市

浄智寺から江島神社へ

布袋尊から弁財天へ、「万福招来」を祈願してめぐる鎌倉・江の島七福神

浄智寺の布袋尊は洞窟内に立ち、親しみやすい表情で参拝客を迎えてくれる。お腹をさすると元気がもらえるという

アクセス

行き 東京駅からJR横須賀線で約53分の北鎌倉駅下車。

帰り 片瀬江ノ島駅から小田急江ノ島線で約7分の藤沢駅下車。JR東海道線に乗り換えて約47分の東京駅下車。

問合せ先

鎌倉市観光協会☎0467-23-3050
鎌倉市観光総合案内所☎0467-22-3350
小田急お客様センター☎044-299-8200
江ノ島電鉄☎0466-24-2713

スタート 北鎌倉駅
← 徒歩8分
❶浄智寺
← 徒歩25分
❷旗上弁財天社
← 徒歩5分
❸宝戒寺
← 徒歩6分
❹妙隆寺
← 徒歩6分
❺本覚寺
← 徒歩35分
❻長谷寺
← 電車16分＋徒歩50分
❼江島神社
← 徒歩25分
ゴール 片瀬江ノ島駅

歩行時間 約2時間40分
歩行距離 約9.5km
歩数 約19000歩

DATA 江の島・鎌倉フリーパス　小田急線（藤沢～片瀬江ノ島）と江ノ島電鉄線（藤沢～鎌倉）が乗り降り自由。小田急線（発駅～藤沢駅）の往復割引きっぷ付きで周辺施設の優待・割引もある。

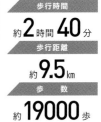

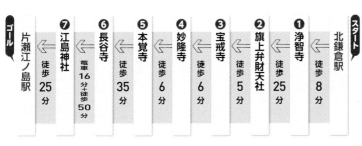

宝戒寺の毘沙門天像は本堂に祀られており、上がって近くで参拝ができる

旗上弁財天社へは源氏池にかかる橋を渡ってお参りする

欅の一木造りの寿老人を本堂前の小さなお堂に祀る妙隆寺

鶴岡八幡宮の源氏池を背景に鎮座する朱塗りの旗上弁財天社

鎌倉の七福神めぐりは北鎌倉駅周辺から歩き、小町大路、長谷方面と回り、最後に江ノ電に乗って江の島へ向かうと回りやすい。北鎌倉駅から県道を建長寺方向へ進み、最初にめざすのは、布袋尊を祀る❶**浄智寺**《じょうちじ》。鎌倉五山第四位の寺格を持つ古刹である。杉木立に囲まれた石段を上り、本堂の曇華殿《どんげでん》で本尊・三世仏坐像に手を合わせてから布袋尊《ほていそん》が祀られている庫裏裏手の洞窟へ向かおう。柔和に微笑む布袋様は家庭円満、幸運を授けてくれるという神様だ。

県道をさらに道なりに進み、鎌倉五山第一位の建長寺前を通り、巨福呂坂のトンネルを抜ければ、ほどなく次の目的地、鶴岡八幡宮境内の❷**旗上弁財天社**《はたあげべんざいてんしゃ》だ。源氏池に浮かぶ小島に祀られた朱塗りの社殿は江戸時代の古図に基づき復元されたものである。学問と技芸の神様とされる弁財天は現在、鎌倉国宝館に寄託されている。

鶴岡八幡宮の三ノ鳥居前を東に進むとほどなく❸**宝戒寺**《ほうかいじ》である。病魔退散、財福の神様と信仰される毘沙門天《びしゃもんてん》は、本堂に本尊・子育て経読み地蔵菩薩とともに安置されている。

白い紙に七福神の墨蹟と鮮やかなご朱印が美しい。ご朱印をいただく前には心をこめてお参りを。御朱印料は各寺社300円

COLUMN

江戸時代から始まった福神信仰

福神である恵比須、大黒天、弁財天、毘沙門天、布袋尊、福禄寿、寿老人を参詣して回ると、除災招福、諸願成就がもたらされると信じられ、江戸時代のお正月の行事として浸透したが、今では史跡めぐりを兼ねて通年参詣されている。

サブコース

＊鎌倉はコンパクトな地域に寺社がまとまっているため、観光客にも気軽に回れる利点がある。季節の花名所やハイキングコースなどが身近に点在しているので、巡拝コースに組み込んで歩くことも可能だ。バラエティに富んだコースづくりを考えたい。

ヒント

＊鎌倉・江の島七福神は初春に限らず、1年を通して巡拝できる。回り方にもルールはなく、どこからどのように回ってもいい。また、心静かに、ゆとりをもって神仏にお参りをするのが本来の姿なので、コースやスケジュールはゆったりと組むことをおすすめしたい。

御霊神社では福禄寿の面が七福神として祀られている

江島神社の奉安殿には2柱の弁財天が祀られている

長谷寺大黒堂では、出世と福が授かる「出世・開運授け大黒天」と「さわり大黒天」に参拝しよう

本覚寺の夷堂には商売繁盛の神、夷様が祀られ、正月の初えびす、本えびすは大いに賑わう

若宮大路の東側に並行する小町大路沿いを歩き、無病・長寿の寿老人《じゅろうじん》を祀る❹**妙隆寺**《みょうりゅうじ》、商売繁盛、縁結び、五穀豊穣の夷神《えびすしん》を祀る❺**本覚寺**《ほんがくじ》と巡拝して、次の長谷寺へ向かおう。鎌倉駅からは江ノ電利用で時間短縮を図ることもできるが、ここでは若宮大路に出てJR横須賀線の高架をくぐり、御成通りから由比ヶ浜大通りを歩いて西へ向かう。

まっすぐ進むと突き当たりが長谷観音で知られる❻**長谷寺**《はせでら》である。「出世・開運授け大黒天」が下境内の放生池に隣接した大黒堂に祀られている。長谷寺の南側に位置する御霊《ごりょう》神社《じんじゃ》は、例年9月18日に行われる面掛行列で知られるが、登場する田楽面の一つが七福神の福禄寿で、通常、収蔵庫に祀られている。

鎌倉・江の島七福神めぐりでは江島神社の弁財天が加わり、8ヶ所をめぐると結願となる。極楽寺駅から江ノ電に乗って、のんびり江ノ島駅へ向かおう。洲鼻《すばな》通り、江の島弁天橋と歩き、❼**江島神社**《えのしまじんじゃ》へ。社殿左手の奉安殿《ほうあんでん》に安置されている「八臂弁財天《はっぴべんざいてん》」（２０２１年末まで修復中）と「妙音弁財天《みょうおんべんざいてん》」に参拝したのち、小田急線片瀬江ノ島駅から帰ろう。

みちくさ

買う 力餅屋

ちからもちや

創業約300年以上となる力餅屋の福面まんじゅうは、毎年9月に行われる御霊神社の例大祭「面掛行列」でかぶる11のお面を模したもので、まさに福がいっぱい。厄除け、来福を願っておみやげにしたい。1個170円。箱詰めもあり、8個1510円、12個2200円。9～18時、水曜・第3火曜休。

☎0467-22-0513

みちくさ

見る 長谷寺観音ミュージアム

はせでらかんのんみゅーじあむ

関東を代表する観音霊場・長谷寺の1300年の歴史にふれることができる貴重なミュージアムである。御前立十一面観音像をはじめ、三十三の姿に変化して衆生を救済する三十三応現身立像、国重文の懸仏などを常設展示している。9時～16時30分（入館～16時)、300円（拝観料別)、無休。

☎0467-22-6100

浄智寺～江島神社
大船駅へ
小袋谷川
スタート
円覚寺
北鎌倉駅
WC
8分
東慶寺
明月院
鎌倉街道
1 浄智寺
(布袋尊)
JR横須賀線
扇ヶ谷トンネル
長寿寺
亀ヶ谷坂
建長寺
鎌倉学園中・高
25分
大覚池
海蔵寺
岩舟地蔵堂
第二中
鶴岡八幡宮
横浜国大附属鎌倉小・中
源氏山公園
源氏山
93
銭洗弁財天
佐助稲荷神社
英勝寺
平家池
源氏池
2 旗上弁財天社
(弁財天)
八幡宮前
5分
鎌倉歴史文化交流館
雪ノ下局
6分
3 宝戒寺
(毘沙門天)
若宮大路
小町大路
市役所通り
鎌倉市役所
鎌倉駅
鎌倉局
大巧寺
滑川
4 妙隆寺
(寿老人)
御成中
御成小
6分
旧安保小児科医院
妙本寺
高徳院(鎌倉大仏)
見る 長谷寺観音ミュージアム
5 本覚寺 (夷神)
6 長谷寺
(大黒天)
六地蔵
江ノ島電鉄
由比ヶ浜大通り
35分
第一小
光則寺
長谷局
由比ヶ浜局
鎌倉女学院中・高
和田塚駅
長谷観音前
由比ヶ浜駅
収玄寺
御霊神社
(福禄寿)
長谷駅
稲村ヶ崎駅・江ノ島駅へ
鎌倉海浜公園
由比ヶ浜
15分
極楽寺駅
買う 力餅屋
滑川橋
134
横須賀線の高架をくぐる
材木座局
神奈川県鎌倉市
逗子駅へ
相模湾
N
0 300m
小田急ショップ前
鵠沼橋へ
小田急江ノ島線
湘南モノレール
湘南江の島
目白山下
法源寺
龍口寺
腰越中入口
亀井
藤沢市
境川
水族館前
江ノ島駅
東浜
腰越
満福寺
ゴール
片瀬江ノ島駅
江ノ島海岸
腰越海岸
腰越漁港
腰越局
小動
小動神社
小動岬
七里ヶ浜駅・極楽寺駅
25分
35分
江の島弁天橋
江の島大橋
江ノ島局
湘南港
江の島
60
江の島シーキャンドル(展望灯台)
7 江島神社
(弁財天)
0 500m
てらや
お寺のカレー

旗上弁財天社裏の政子石。頼朝が政子の安産祈願に置いたという

長谷寺門前にカフェ併設の「てらやショップ」がある。境内の食事処・海光庵の名物「お寺のカレー」のレトルトなど長谷寺限定品が多数

正月三が日の初えびす、10日の本えびすが大いに賑わう本覚寺

おなじみの力餅屋の前を通って極楽寺方面へ向かおう

江ノ電利用で極楽寺駅から江ノ島駅まで所要16分

9 街

鎌倉市

長谷寺から北鎌倉へ

アジサイ色に染まる風情を楽しみ、アートや歴史にもふれる初夏の鎌倉花散策

長谷寺のアジサイは種類が豊富なため、長く開花を楽しむことができる

アクセス

行き 東京駅からJR横須賀線で約56分の鎌倉駅下車。江ノ島電鉄に乗り換えて約4分の長谷駅下車。

帰り 北鎌倉駅からJR横須賀線で約50分の東京駅下車。

問合せ先

鎌倉市観光協会☎0467-23-3050

鎌倉市観光総合案内所☎0467-22-3350

江ノ島電鉄☎0466-24-2713

スタート 長谷駅

↓ 徒歩5分

❶ 長谷寺

↓ 徒歩5分

❷ 光則寺

↓ 電車5分+徒歩16分

❸ 英勝寺

↓ 徒歩10分

❹ 海蔵寺

↓ 徒歩30分

❺ 明月院

↓ 徒歩10分

❻ 浄智寺

↓ 徒歩5分

❼ 東慶寺

↓ 徒歩5分

ゴール 北鎌倉駅

歩行時間 約1時間30分

歩行距離 約5km

歩数 約10000歩

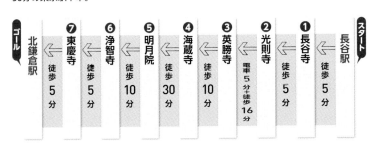

浄智寺ではアジサイの大株が、参道や山門を背景にさりげなく咲く風情がいい

開山の日朗上人が幽閉されたという土牢が残る光則寺境内に、しっとりと咲くアジサイ

英勝寺の鐘楼を紫や青色のアジサイが彩る

眺望散策路から鎌倉の海を展望する長谷寺。海を背景に咲くアジサイを楽しもう

初夏の鎌倉はアジサイ一色に染まる。寺社に参詣し、花と歴史、アートと欲張りに探訪しよう。長谷界隈のアジサイ名所を訪ねるには江ノ電の長谷駅からスタートしよう。境内全体で2500株もの色とりどりのアジサイが見られる❶長谷寺《はせでら》と、数え切れないほどの草花や花木が境内を彩る❷光則寺《こうそくじ》は花好きには見逃せない花の寺である。長谷寺では山の斜面に設けられた眺望散策路をめぐりながら、アジサイと由比ヶ浜の眺望を一緒に楽しむこともできる。

長谷駅から江ノ電に乗って鎌倉駅へ戻り、駅西口からJR横須賀線に沿って北へ進むと❸英勝寺《えいしょうじ》である。鎌倉唯一の尼寺で、通用門から境内へ入るとアジサイがことのほか多く、歴史を重ねた仏殿や鐘楼に彩りを添えている。扇ケ谷の谷戸の奥に佇む❹海蔵寺《かいぞうじ》はアジサイの数は多くはないが、四季を通して花が絶えず、さりげなく美しい風情をたたえる鎌倉有数の花の寺である。

元の道へ戻って横須賀線の下をくぐり、亀ケ谷坂切通へ向かおう。切通わきの斜面にも風情よくアジサイが咲いている。県道へ出た

COLUMN

古都の梅雨を彩る多彩な花々

梅雨の鎌倉ではアジサイが咲く頃に、ハナショウブ、イワタバコ(写真)、ハンゲショウ、キキョウなども涼しげに咲き競う。東慶寺松岡宝蔵裏の岩肌を覆うようにツルをのばすイワガラミも白い花を数多く咲かせ、美しい花景色をつくる。

長谷寺の境内には、縁結び祈願の、愛らしい良縁地蔵が3ヶ所にあるので探してみよう

サブコース

＊長谷寺から坂ノ下の御霊神社へ歩くと、江ノ電が鳥居前を走り、線路沿いに咲くアジサイとのツーショットが見られ、撮影スポットとしても人気が高い。参道のアジサイと海の眺望で知られる成就院ではアジサイに代わってハギの植え付けが進められている。

ヒント

＊ここではアジサイ名所が集中している北鎌倉と長谷を江ノ電で結んで散策コースを設定したが、美術館などへの立ち寄りに時間をかける場合は、エリアを絞る方がゆったりできる。
＊アジサイの季節は混雑するので、人気の寺ではピークの時間をずらす工夫を。

北鎌倉 葉祥明美術館には「美術館自体が一冊の絵本」という温かい世界が広がる

涼やかな青い色が特徴の明月院のアジサイは境内を清々しい色彩で染める

明月院山門に続く石段の左右にアジサイがこぼれるように咲き、参拝の人々を迎える

東慶寺の境内ではハナショウブが見頃となる

のち、横須賀線の踏切手前を右折し、明月川の細い流れに沿って歩くと、左側に瀟洒なレンガ造りの洋館が現れる。画家・詩人として活躍している葉祥明氏の作品を展示する北鎌倉 葉祥明美術館だ。やさしい絵本の世界が広がる空間に心が癒される。

ここからアジサイ名所の❺**明月院**《めいげついん》は近い。青色が基調となった多数のアジサイが門前から境内まで咲き揃い、清々しい風景が広がる。同じ頃、本堂後庭園ではハナショウブも見頃を迎えている。

県道へ戻り、北鎌倉駅方向へ歩くと間もなく山門前にアジサイが咲く❻**浄智寺**《じょうちじ》、その先に❼**東慶寺**《とうけいじ》がある。鎌倉十井《じっせい》の一つ、「甘露の井」を見ながら、浄智寺山門へと続く鎌倉石の石段を上って行く。アジサイは深い木立の中でしっとりとした咲きぶりである。花木に満たされた東慶寺境内にはハナショウブ、ハンゲショウ、イワタバコなどが次々と花を咲かせる。境内の松岡宝蔵に祀られた木造聖観音立像や、水月堂の水月観音菩薩にはぜひお参りしたいものだ。

帰りは北鎌倉駅まで歩いて5分ほどである。

みちくさ

見る 鎌倉歴史文化交流館

かまくられきしぶんかこうりゅうかん

扇ガ谷の緑深い谷戸に佇む個人住宅の建物を活用した博物館。市内で発掘された出土遺物を公開し、映像展示、企画展などを行う。史跡永福寺跡の幻の大伽藍を3DCGで再現した「VR永福寺」(最終受付：15時40分)も人気だ。古都の歴史や文化にふれるとともに、デザイン性の高い館内、中世の景観を思わせる庭園、見晴らし台からの海の眺望などもあわせて楽しみたい。

右：緑深い谷戸の中に佇む瀟洒な外観
右下：本館の廊下の壁で光るものは人造大理石
下：室内から広々とした庭を見る中世展示室

DATA 鎌倉歴史文化交流館　10～16時（入館は～15時30分）、日曜・祝日・年末年始・展示替え期間など休、300円。
☎0467-73-8501

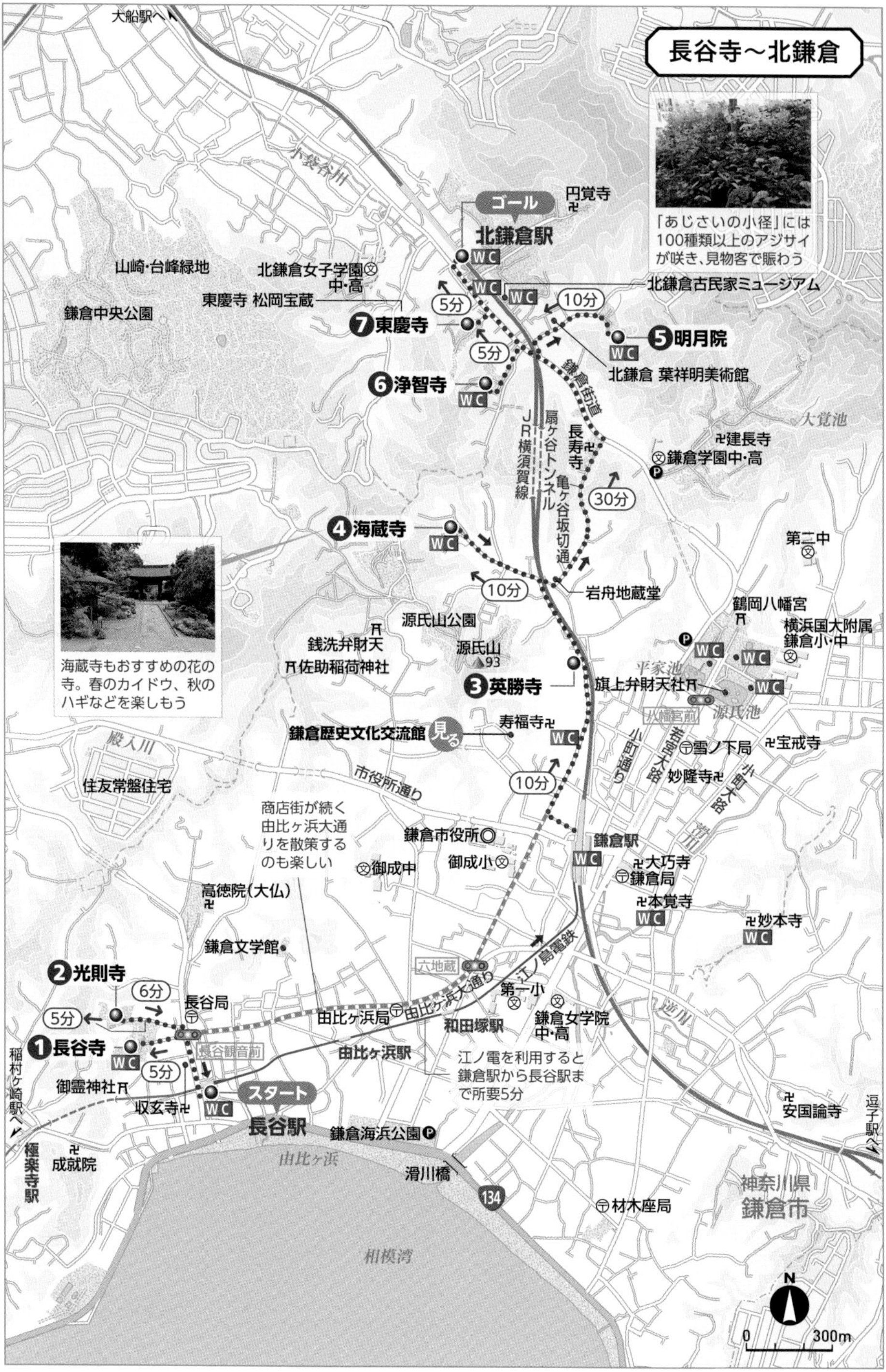
長谷寺～北鎌倉
大船駅へ
小袋谷川
ゴール
北鎌倉駅
円覚寺
「あじさいの小径」には100種類以上のアジサイが咲き、見物客で賑わう
山崎・台峰緑地
北鎌倉女子学園中・高
東慶寺 松岡宝蔵
北鎌倉古民家ミュージアム
鎌倉中央公園
5分
10分
7 東慶寺
5 明月院
5分
北鎌倉 葉祥明美術館
6 浄智寺
鎌倉街道
JR横須賀線
扇ヶ谷トンネル
長寿寺
亀ヶ谷坂切通
大覚池
建長寺
鎌倉学園中・高
30分
4 海蔵寺
第二中
10分
岩舟地蔵堂
海蔵寺もおすすめの花の寺。春のカイドウ、秋のハギなどを楽しもう
源氏山公園
鶴岡八幡宮
銭洗弁財天
源氏山 93
横浜国大附属鎌倉小・中
佐助稲荷神社
平家池
3 英勝寺
旗上弁財天社
源氏池
八幡宮前
寿福寺
鎌倉歴史文化交流館 見る
殿入川
若宮大路
小町通り
雪ノ下局
宝戒寺
妙隆寺
10分
小町大路
住友常盤住宅
市役所通り
滑川
商店街が続く由比ヶ浜大通りを散策するのも楽しい
鎌倉市役所
鎌倉駅
御成中
御成小
大巧寺
鎌倉局
高徳院(大仏)
本覚寺
妙本寺
鎌倉文学館
江ノ島電鉄
六地蔵
2 光則寺
由比ヶ浜大通り
第一小
6分
長谷局
逆川
5分
由比ヶ浜局
和田塚駅
鎌倉女学院中・高
1 長谷寺
長谷観音前
由比ヶ浜駅
江ノ電を利用すると鎌倉駅から長谷駅まで所要5分
稲村ヶ崎駅へ
5分
御霊神社
スタート
収玄寺
長谷駅
安国論寺
逗子駅へ
鎌倉海浜公園
由比ヶ浜
極楽寺駅
成就院
滑川橋
134
神奈川県
鎌倉市
材木座局
相模湾
N
0
300m

DATA 東慶寺　9～16時(本堂、松岡宝蔵内 聖観音菩薩、売店含む)、志納。本堂に隣接した水月堂に祀られた水月観音菩薩は毎月18日にご開帳される。https://tokeiji.com

10 史跡・寺社

鎌倉市

亀ヶ谷坂から銭洗弁財天へ

北鎌倉から2つの切通を歩き、銭洗水が湧く谷戸をめぐるご利益散歩

花の寺として訪れる人の絶えない海蔵寺。4月、庫裏の前のカイドウがあでやかに咲く

アクセス

行き 東京駅からJR横須賀線で約53分の北鎌倉駅下車。

帰り 鎌倉駅からJR横須賀線で約53分の東京駅下車。

問合せ先

鎌倉市観光協会☎0467-23-3050

鎌倉市観光総合案内所☎0467-22-3350

スタート 北鎌倉駅
← 徒歩18分
❶ 亀ヶ谷坂切通
← 徒歩12分
❷ 岩船地蔵堂
← 徒歩7分
❸ 海蔵寺
← 徒歩12分
❹ 仮粧坂切通
← 徒歩1分
❺ 源氏山公園
← 徒歩4分
❻ 銭洗弁財天宇賀福神社
← 徒歩6分
❼ 佐助稲荷神社
← 徒歩20分
鎌倉駅 ゴール

歩行時間 約1時間20分

歩行距離 約4.5km

歩数 約9000歩

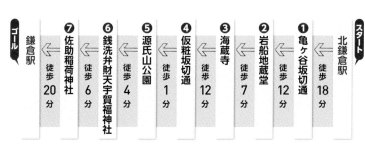

10 亀ヶ谷坂から銭洗弁財天へ

閑静な住宅街に立つ岩船地蔵堂。木造地蔵尊と背後に石造地蔵尊を安置している

海蔵寺境内の「十六ノ井」。洞窟内に直径50cmほどの16の穴が水を湛えて並んでいる

亀ヶ谷坂切通頂上部の岩壁に彫られた6体の小さなお地蔵様。手を合わせていこう

舗装路だが、車は進入禁止なので、のんびりと歩ける亀ヶ谷坂切通。今も北鎌倉から扇ヶ谷への大事な生活道路だ

北鎌倉駅から鎌倉街道を南東へ進もう。JR横須賀線の踏切を渡り、上町バス停を過ぎると、間もなく右手に、臨済宗建長寺派の禅寺、長寿寺が見えてくる。寺の角を右折し、まっすぐ坂道を上っていくと、鎌倉七切通の一つ、亀ヶ谷坂切通だ。今では、舗装され、歩きやすい坂道になっているが、鎌倉時代には、亀も引き返すほどの急坂だったという伝説があり、亀返り坂と呼ばれたのが、いつのころか亀ヶ谷坂になったという。２００ｍほど坂を上ったところが❶**亀ヶ谷坂切通**《かめがやつざかきりどおし》の頂上部で、右側の切り立った岩壁を背に、六地蔵尊が道行く人々を見守っている。

切通を越え、扇ヶ谷側へ下ると、右側に薬王寺、その先の三叉路には❷**岩船地蔵堂**《いわふねじぞうどう》が立つ。堂内には、政治の道具とされ、悲恋の末、若くして生涯を閉じた源頼朝の娘、大姫を供養する地蔵が祀られている。三叉路を右へ進み、横須賀線高架をくぐって直進すると、やがて扇ヶ谷住宅街の最奥部にある❸**海**《かい》**蔵寺**《ぞうじ》へ。花の寺としても名高く、4月のカイドウ、8月から咲き出すハギなどが美しい。元の道を２００ｍほど戻って右折し、源氏山

佐助稲荷神社のキツネ。願い事を神様に届けるのがキツネの役割という

COLUMN

貴重な水をもたらした鎌倉十井《じっせい》

水質が悪く、水に恵まれなかった鎌倉では、良質な水が出る十の井戸を鎌倉十井として大事にしてきた。海蔵寺門前の底脱《そこぬけ》ノ井《い》(写真)、鶴岡八幡宮そばの鉄《くろがね》ノ井《い》、浄智寺の甘露《かんろ》ノ井《い》など、今もその伝説やいわれが、各所に残っている。

サブコース

＊時間を短縮するなら、鎌倉駅を起終点とし、扇ヶ谷・佐助エリアを中心とした歩き方もできる。紹介コースとは逆回りで、佐助稲荷神社から銭洗弁財天、源氏山公園、海蔵寺と歩き、その後は、岩船地蔵堂、浄光明寺、英勝寺、寿福寺まで拝観して鎌倉駅へ戻る。

ヒント

＊人気の寺社が多いコースなので、拝観に十分時間をとりたい。鎌倉屈指のサクラの名所、源氏山公園では、花の見頃は人出が多いので、早めにスタートを。
＊仮粧坂切通はジグザグの山道が続いて、足元が悪いので、滑らないように歩きやすい靴を用意しよう。

上：豊富な水が湧く銭洗弁財天へはトンネルを抜けて
左：岩屋の中で、ざるに入れたお金を湧き水で洗うとご利益を授かるという

曲がりくねった険しい道が続く仮粧坂切通。距離は短いが、足元に気をつけて注意して歩きたい

海蔵寺の梵鐘。晩秋には鮮やかな紅葉に染まる

へと続く住宅街の坂を上って行くと間もなく、❹**仮粧坂切通**《けわいざかきりどおし》へさしかかる。鎌倉の切通の中でも、距離は短いが、いちばん傾斜がきついといわれる切通だ。

険しい山道を上りつめると、❺**源氏山公園**《げんじやまこうえん》へたどりつく。広場には、高さ2mの源頼朝像が鎮座している。サクラや紅葉の名所としても知られ、シーズンになると多くの人々が訪れる。広場を後に、坂を下り、銭洗弁天の名で親しまれている❻**銭洗弁財天宇賀福神社**《ぜにあらいべんざいてんうがふくじんじゃ》へ向かおう。頼朝の夢に現れた宇賀福神のお告げがもとになって創建された神社で、四方を岩山に囲まれた境内の洞窟内には、鎌倉五名水の一つ、「銭洗水」が湧いている。この清水でお金を洗うと増えるという有難いご利益で参詣者は引きもきらない。

銭洗弁財天境内奥の小道を下りていくと、やがて❼**佐助稲荷神社**《さすけいなりじんじゃ》の朱塗りの鳥居が見えてくる。幾重にも重なる鳥居と幟が続く階段を上ると拝殿である。ここも頼朝が受けたお告げによって祀られたと伝わる稲荷神社である。参拝を済ませたら、佐助トンネルを経て、鎌倉駅へ戻ろう。

COLUMN

佐助稲荷で出世・仕事運を祈願

源頼朝は、夢枕に立った「隠れ里の稲荷」の神霊の言葉により兵を挙げて勝利し、鎌倉幕府を樹立した。後に、この隠れ里に小さな祠を見つけ、社を建てたのが佐助稲荷の始まりだ。「出世稲荷」として今も篤く信仰されている。

佐助稲荷神社参道の石段に幾重にも重なる赤い鳥居。その数の多さが人々の信仰の篤さを示している

みちくさ

見る 買う 北鎌倉 たからの庭《きたかまくら たからのにわ》

北鎌倉駅から徒歩10分。浄智寺奥の谷戸に立つ築85年の古民家でNPO法人が運営するシェアアトリエ。手仕事や陶芸作品の販売、陶芸体験、精進料理や茶道の教室など内容も多彩。広い庭では喫茶も楽しめる。基本的に要予約なので出かける前に電話かHPで確認を。10〜16時、不定休。☎0467-25-5742

みちくさ

買う 食べる 三日月堂花仙《みかづきどうかせん》

鎌倉街道に面した和菓子の店。手ごねで生地を作る「鎌倉どら焼き」、つぶし餡を香ばしい皮に包んだ「可麻久良もなか」などが人気。6人前というビッグサイズの手焼きどらやき（1940円）はおみやげにも。併設のお休み処でいただく抹茶と甘味が歩行の疲れを癒やしてくれる。9〜16時、不定休。☎0467-22-8580

11 ハイキング

鎌倉市

葛原岡から大仏切通へ

北鎌倉から緑濃い裏大仏を歩き、大仏切通と鎌倉大仏を訪ねる

大仏切通は左右に切り立った岩壁が続き、急坂の山道にはかつての古道の面影が色濃く残る

アクセス

行き 東京駅からJR横須賀線で約53分の北鎌倉駅下車。

帰り 長谷駅から江ノ島電鉄鎌倉駅行きで約4分の終点下車。JR横須賀線に乗り換えて約53分の東京駅下車。

問合せ先

鎌倉市観光協会☎0467-23-3050

鎌倉市観光総合案内所☎0467-22-3350

江ノ島電鉄☎0466-24-2713

スタート 北鎌倉駅
徒歩8分
❶ 浄智寺
徒歩10分
❷ 天柱峰
徒歩10分
❸ 葛原岡神社
徒歩20分
❹ 長谷大谷戸口分岐
徒歩25分
❺ 大仏切通
徒歩12分
❻ 火の見下バス停
徒歩15分
❼ 高徳院(鎌倉大仏)
徒歩12分
長谷駅 ゴール

歩行時間
約1時間50分

歩行距離
約5.5km

歩数
約11000歩

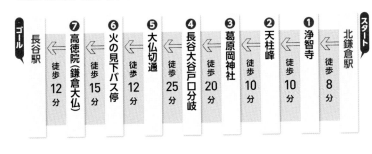

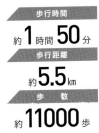

葛原岡で処刑されたと伝わる日野俊基終焉の地の碑

浄智寺の裏山に立つ天柱峰碑や多層塔。現在は木々に覆われて景色は見えない

葛原岡神社の祭神は日野俊基。開運、学問の神様として崇拝される

右手に浄智寺参道を見ながら、左手の葛原岡ハイキングコースを上って行く。大仏ハイキングコースとつないで歩こう

北鎌倉駅を背に鎌倉街道を左に進み、踏切の手前を右折すると、鎌倉五山第四位の❶浄《じょう》智《ち》寺《じ》である。源氏山へと連なる緑豊かな谷戸に佇む古刹で、緑の木立に囲まれた境内全域が国の指定史跡となっている。中国風の鐘楼門をくぐり、本尊の木造三世仏坐像、境内裏手の洞窟に安置された布袋尊像などを拝観したい。ウメ、サクラ、シャガ、アジサイなどの花を楽しみに訪れる人々も多い。

浄智寺わきから葛原岡ハイキングコースへ向かおう。少し歩いたところで石段となり、その後、山道へと続き、10分ほどで❷天柱峰《てんちゅうほう》（標高97m）にたどりつく。ここは浄智寺の裏山にあたる場所で、その名は、かつての浄智寺住職がその眺望に感動して名づけたという。石碑と供養塔があるが、現在は樹木が生い茂り、眺望は望めない。山道を進んでいくと、❸葛原岡神社《くずはらおかじんじゃ》の広々とした境内に出る。

葛原岡神社は、鎌倉時代末期に討幕計画に参加して捕えられ、この地で処刑された日野俊基を祭神としている。明治時代になって、その功績が評価され、神社が創建された。南側に延びる参道沿いには、俊基の墓とされる

COLUMN

葛原岡神社で縁結びのご利益を

葛原岡神社には大黒様も祀られていることから、縁結びのご利益を求める人で大いに賑わう。赤い糸のついた5円玉を結んだ「縁結び石」や幸せを勝ち取る「魔去る石」など、境内のパワースポットで幸せ祈願して元気に歩いていこう。

葛原岡神社は、近年、縁結びのご利益も注目。ハート型の絵馬が境内にたくさん見られる

サブコース

＊このコースには、途中に鎌倉中央公園や銭洗弁財天、佐助稲荷神社、極楽寺方面などへの分岐があるので体力、気力次第で目的地を自由に選べる。鎌倉中央公園や台峯緑地の豊かな自然を味わうコース、極楽寺を経て鎌倉の海を堪能するコースなども歩くと楽しい。

ヒント

＊円覚寺、東慶寺、浄智寺など北鎌倉の寺、長谷の鎌倉大仏、長谷寺などもコース内。2月、3月は東慶寺のウメ、4月は源氏山のサクラ、5月は新緑の山道、初夏は長谷寺のアジサイなどが楽しみ。山道は急坂や滑りやすいところもあるので歩きやすい靴で出かけよう。

高徳院の鎌倉大仏は高さ11m、重さ120トンを超える巨大な阿弥陀如来像。鎌倉で唯一の国宝仏で鎌倉を象徴する仏様だ

山道が続く大仏ハイキングコースだが、途中、海を眺望する見晴らしのいいポイントがある。海の青さと新緑が爽やかだ

緑の木立が続く大仏ハイキングコース。森林浴を楽しもう

大仏切通を進むと迫力のある火の見下やぐらが見える

宝篋印塔も建てられている。近年は縁結びにご利益のある神社として訪れる若者も多い。

源氏山公園を横切るように南へ進むと、銭洗弁財天との分岐にさしかかる。コースを外れて左に下りていけば銭洗弁財天、右に向かえば大仏ハイキングコースの本道だ。高徳院（大仏）を指す案内板にしたがって右方向へ進もう。途中には、鎌倉の町並みと海を一望できるポイントもある。樹林に囲まれた尾根道をしばらく進み、❹**長谷大谷戸口分岐**《はせおおやとぐちぶんき》を過ぎると、山道は下りが続き、のんびりと歩くことができる。急な下り道にたどりつくと、間もなく大仏坂口だ。その手前の右手に延びる木製階段を上っていけば、鎌倉七口（七切通）の一つ、❺**大仏切通**《だいぶつきりどおし》の分岐へと続く。

大仏切通は、左右に切り立った崖が続く急坂の細い山道で、今も古道の趣を残している。苔むした大石が置かれた道を進むと、右手の岩壁にはやぐら群も見える。県道へ出たところが❻**火**《ひ》**の見下**《みした》**バス停**《てい》。ここから長谷方面へ進み、大仏トンネルをくぐると、ほどなく❼**高徳院**《こうとくいん》**（鎌倉大仏**《かまくらだいぶつ》**）**が左手に見えてくる。鎌倉大仏を拝観したら長谷駅へ向かおう。

みちくさ

買う 石渡源三郎商店
いしわたげんざぶろうしょうてん

長谷寺に近い明治初年創業という乾物の老舗。地元湘南名産のひじき、天然わかめ、無添加じゃこをはじめ、北海道や京都の国産にこだわった黒豆や小豆など、豊富な豆類が店頭にたくさん並び、地元客はもちろん、おみやげを求めて立ち寄る観光客も多い。9～18時、日曜休。

☎0467-22-0193

COLUMN

古道の佇まいがよく残る大仏切通

現在の大仏坂トンネルの上から常盤の火の見下バス停あたりまで続く旧道。常盤の出口に近いほうがより深く険しくなっており、平場、やぐら、切岸など、かつての鎌倉の道路の様子を比較的、よく見ることができる。国指定史跡。

葛原岡～大仏切通
0 300m
円覚寺
大船駅へ
スタート
北鎌倉駅
小袋谷川
WC
大覚池
明月院
8分
建長寺
北鎌倉女子学園中・高
東慶寺
甘露の井
鎌倉街道
鎌倉学園中・高
1 浄智寺
葛原岡ハイキングコース
長寿寺
第二中
扇ヶ谷トンネル
JR横須賀線
天柱峰碑はコース右手の小高い場所にあるので見逃しやすい
10分
亀ヶ谷坂切通
2 天柱峰
鶴岡八幡宮
山崎・台峰緑地
10分
海蔵寺
岩舟地蔵堂
鎌倉中央公園
旗上弁財天社
源氏池
平家池
3 葛原岡神社
源氏山公園に続くハイキングコース。山道なので足元に気をつけよう
日野俊基墓
八幡宮前
英勝寺
雪ノ下局
小町通り
若宮大路
源氏山公園
源氏山
93
神奈川県
鎌倉市
銭洗弁財天宇賀福神社
長谷大谷戸口分岐までくると、この先は下りの道になる
20分
鎌倉局
大巧寺
4 長谷大谷戸口分岐
佐助稲荷神社
鎌倉駅
本覚寺
大仏ハイキングコース
市役所通り
鎌倉市役所
25分
御成小
滑川
逗子駅へ
鎌倉女学院中・高
御成中
ハイキングコース出口の近くで、右手の木の階段を上って行くと大仏切通
六地蔵
やぐら群
大仏切通
12分
5 大仏切通
第一小
鎌倉署
井上蒲鉾店
由比ヶ浜大通り
7 高徳院（鎌倉大仏）
和田塚駅
6 火の見下バス停
由比ヶ浜局
15分
江ノ島電鉄
由比ヶ浜駅
12分
長谷局
長谷観音前
光則寺
まめや本店
収玄寺
134
鎌倉海浜公園
滑川橋
長谷寺
由比ガ浜
ゴール
長谷駅
石渡源三郎商店
買う
相模湾
稲村ヶ崎駅へ

和田塚から長谷、極楽寺へ

緑深い谷戸に佇む文学館を訪ね、鎌倉を愛した文士たちの足跡にふれる

鎌倉文学館の庭園にはバラをはじめ、サクラやアジサイなど通年、さまざまな花を楽しむことができる。ハーフティンバー様式の外観、アールデコと和が美しく調和した内観、照明やステンドグラスの色彩の美しい建物もゆっくり見学したい

アクセス

行き 東京駅からJR横須賀線で約56分の鎌倉駅で下車。江ノ島電鉄に乗り換えて約1分の和田塚駅下車。

帰り 極楽寺駅から江ノ島電鉄鎌倉駅行きで約7分の終点下車。JR横須賀線に乗り換えて往路を戻る。

問合せ先

鎌倉市観光協会☎0467-23-3050
鎌倉市観光総合案内所☎0467-22-3350
江ノ島電鉄☎0466-24-2713

スタート 和田塚駅
⇐ 徒歩1分
❶ 和田塚
⇐ 徒歩15分
❷ 鎌倉市吉屋信子記念館
⇐ 徒歩5分
❸ 鎌倉文学館
⇐ 徒歩15分
❹ 高徳院(鎌倉大仏)
⇐ 徒歩12分
❺ 長谷寺
⇐ 徒歩12分
❻ 成就院
⇐ 徒歩7分
❼ 月影地蔵堂
⇐ 徒歩5分
ゴール 極楽寺駅

歩行時間 約1時間15分
歩行距離 約4.5km
歩数 約9000歩

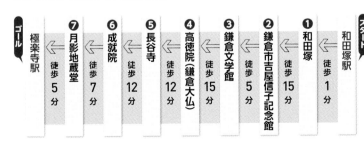

12 和田塚から長谷、極楽寺へ

山に囲まれた谷戸に立地する鎌倉文学館へ続くアプローチ。緑に覆われた環境が訪れる人を癒してくれる

鎌倉市吉屋信子記念館は、作家が晩年の創作活動をした旧宅を期間限定で公開している

和田塚は建保元年（1213）、滅亡した和田義盛一族の墓

ギリシャ建築の様式も見られる旧鎌倉市長谷子ども会館外観

鎌倉彫の店、寸松堂は長谷のランドマーク的存在だ。神社のような外観が印象的

鎌倉駅から江ノ電に乗って一駅。和田塚駅の小さな改札から南へ進むと、❶**和田塚**《わだづか》がある。駅名の由来にもなった鎌倉幕府の有力御家人・和田一族の戦没地で、向かいには鎌倉彫の作品が鑑賞できる鎌倉彫工芸館がある。駅へ戻り、踏切を渡って由比ヶ浜大通りへ出ると六地蔵交差点だ。大通りを左に折れて進むと、寺院と城郭を合体したような外観の鎌倉彫の店、寸松堂が右手に現れる。長谷東町バス停近くで右折すると、住宅街の突き当たりが❷**鎌倉市吉屋信子記念館**《かまくらしよしやのぶこきねんかん》。作家・吉屋信子が晩年を過ごした数寄屋造りの旧宅が記念館として残されている。春と秋には一般公開され、建物内、庭も見学することができる。

記念館から住宅街を西へ進み、右手の緩やかな坂を上っていこう。木立に包まれた重厚な洋館は旧前田侯爵家別邸で、今は鎌倉ゆかりの文学資料を収集・保存、展示する❸**鎌倉**《かまくら》**文学館**《ぶんがくかん》である。鎌倉を代表する別荘建築として国の登録有形文化財にも登録されている。

文学館西側の住宅街を進み、明治期の貴重な建築である旧鎌倉市長谷子ども会館前を過ぎると、鎌倉最古の甘縄神明神社。川端康成

COLUMN

鎌倉文学館

明治以来、数多くの文学者が鎌倉へ集い、この地で旺盛な創作活動を行った。鎌倉文学館の常設展示室では、川端康成、芥川龍之介、大佛次郎、小林秀雄はじめ、ゆかりの作家の直筆原稿や著書、愛用品などを見ることができる。

鎌倉文学館のバラの品種は約200種。「鎌倉」「静の舞」などの名前を持つものもある

サブコース

＊ゴールの極楽寺駅から江ノ電に乗らず、由比ヶ浜の海を経て鎌倉駅へ帰るのも気持ちがいい。極楽寺坂を引き返し、坂ノ下、由比ヶ浜、鎌倉海浜公園を経て、若宮大路へ歩くコースと江ノ電和田塚駅から由比ヶ浜大通り、御成通りなど商店街へ歩くコースなどがある。

ヒント

＊鎌倉市吉屋信子記念館は開館日が限定されているので、出かける前に確認を忘れないようにしたい。
＊このコースには、鎌倉文学館や長谷寺など、じっくり時間をかけて見学や拝観をしたい場所が多いので、あれもこれもと欲張らないプランニングがおすすめ。

DATA 鎌倉文学館　9～17時（10～2月は～16時30分、入館は30分前まで）。月曜休（祝日の場合は開館）、年末年始・展示替え等の休館あり。入館料は特別展ごとに異なる。☎0467-23-3911

石段を上がった成就院山門前から由比ヶ浜、材木座の海が広々と眺められる

江ノ電とのツーショットで知られる御霊神社は、鎌倉七福神の福禄寿を祀る

極楽寺坂は鎌倉七切通の一つ。星ノ井、虚空蔵菩薩を祀った虚空蔵堂がある

甘縄神明神社は源氏とのゆかりが深く、北条政子や実朝も参詣したと伝わる。境内からは由比ヶ浜海岸がよく見える

の小説『山の音』にはこのあたりの様子が描写されている。

由比ヶ浜大通りへ戻り、長谷観音前の交差点を右折して❹**高徳院《こうとくいん》（鎌倉大仏《かまくらだいぶつ》）**へ。高さ11・3mの大仏の周りには、かつて存在していたが、地震などで壊れた大仏殿の礎石が56基残されている。大仏裏の観月堂近くには与謝野晶子の歌碑が立つ。拝観後は、四季の花が美しい❺**長谷寺《はせでら》**を訪ねよう。

長谷寺の本尊は、海から流れ着いたと伝えられる高さ9mを超える大きな十一面観音菩薩だ。拝観後は、高台にある見晴台から由比ヶ浜や町並みを一望しよう。御霊小路を西に入り、道標にしたがって進むと、鎌倉権五郎景政を祀る古社、御霊神社《ごりょうじんじゃ》である。江ノ電の踏切を渡り、「力餅屋」を右に折れると極楽寺切通だ。

白い幟がはためく虚空蔵堂を過ぎると、左手に❻**成就院《じょうじゅいん》**が見えてくる。石段を上がって参道の上から望む由比ヶ浜は絶景だ。極楽寺坂を越えると赤い桜橋が見えてくる。橋を渡って道なりに進み、❼**月影地蔵堂《つきかげじぞうどう》**へ参拝していこう。

帰りは、来た道を戻り、極楽寺駅から江ノ電で鎌倉駅へ戻ろう。

COLUMN

鎌倉市吉屋信子記念館

作家・吉屋信子が晩年、創作活動に打ち込んだ鎌倉市長谷の旧宅が毎年、春・秋限定で公開。近代数寄屋建築の第一人者、吉田五十八の設計による落ち着いた佇まいの建物や庭園、生前に愛用した品々を見ることができる。

四季を彩る花が絶えない長谷寺。下境内には、2つの池が配された回遊式庭園がめぐっている

DATA 鎌倉市吉屋信子記念館　一般公開の詳細は鎌倉市のHP、または鎌倉生涯学習センターへ問合せを。
☎0467-25-2030

みちくさ

食べる 海光庵《かいこうあん》

長谷寺境内の見晴台奥に位置し、由比ヶ浜や遠くは三浦半島まで心洗われる眺望が楽しめる食事処。精進料理の教えを基に動物性食材を一切使わない「お寺のカレー」、「お寺のパスタ」に加え、寺まんじゅうや大吉だんごなど、お寺ならではの体にやさしい健康志向のメニューはほっとするおいしさ。10～16時（LO15時）、定休日は要問合せ。☎0467-23-8668

右・右下：全席オーシャンビューの店内でいただけば、疲れもふきとぶ
下：大豆の旨みだけで仕上げた「お寺のカレー」で体も喜ぶ

13 海

鎌倉市・藤沢市

稲村ヶ崎から腰越へ

七里ヶ浜の広い海とのどかに走る江ノ電を見ながらシーサイドウォーク

上：国道134号線を潮風を浴びながら、稲村ヶ崎から七里ヶ浜に沿って江の島方面に向かおう。天候のよいときは前方の江の島、富士山の眺望が美しい
下：砂浜におりて海の景色を堪能しよう。振り返ると稲村ヶ崎とその向こうに逗子、葉山方面の海岸線が眺められる

アクセス

行き 東京駅からJR横須賀線で約56分の鎌倉駅で下車。江ノ島電鉄藤沢駅行きに乗り換えて約7分の極楽寺駅下車。

帰り 江ノ島駅から江ノ島電鉄藤沢駅行きで約9分の終点下車。JR東海道線に乗り換えて約47分の東京駅下車。

問合せ先

鎌倉市観光協会☎0467-23-3050
鎌倉市観光総合案内所☎0467-22-3350
江ノ島電鉄☎0466-24-2713

スタート 極楽寺駅
⇐ 徒歩20分
❶ 十一人塚の石碑
⇐ 徒歩5分
❷ 稲村ヶ崎
⇐ 徒歩40分
❸ 鎌倉高校前駅
⇐ 徒歩12分
❹ 小動神社
⇐ 徒歩6分
❺ 満福寺
⇐ 徒歩10分
❻ 龍口寺
⇐ 徒歩3分
ゴール 江ノ島駅

歩行時間 約1時間40分
歩行距離 約6km
歩数 約12000歩

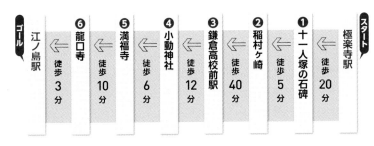

新田義貞軍11名の武将を慰霊する十一人塚

岬一帯が公園として整備されている稲村ヶ崎には磯も広がる

明治時代に造られた極楽洞は今も現役のトンネルだ

サクラに彩られる江ノ島電鉄極楽寺駅

「関東の駅百選」の一つ、江ノ島電鉄の極楽寺駅から歩き始めよう。風情ある木造駅舎から左方向へ歩き、線路に架かる赤い桜橋から長谷駅方向を見ると、100年以上も前に造られたレンガ造りの「極楽洞」が見える。今も建設当時の姿をとどめている希少なトンネルで、走行する江ノ電車両との風景が人気だ。極楽寺駅の反対側に山門が見える極楽寺に参拝をしてから稲村ヶ崎へ向かおう。

極楽寺駅前を過ぎて住宅街を進むと、右側に日蓮聖人が龍ノ口刑場へ引かれて行く途中に袈裟をかけたと伝わる日蓮袈裟掛松跡の碑、左側に鎌倉攻めで戦士した新田義貞軍11名の武将の墓跡である❶**十一人塚**《じゅういちにんつか》**の石碑**《せきひ》が立つ。道なりに進めば国道134号線に突き当たり、目の前には❷**稲村ヶ崎**《いなむらがさき》ときらめく海が広がる。鎌倉海浜公園として整備されている稲村ヶ崎には高台への散策路や東屋もある。

稲村ヶ崎から弓なりに連なる七里ヶ浜を江の島方面へ歩こう。天候、季節によって、左前方に江の島、その右手にくっきりと富士山を望む絶景を楽しめるコースでもある。七里ヶ浜というが実際、小動岬までは3㎞ほど。七里

COLUMN

114年前の江ノ電「極楽洞」は今も現役

極楽洞は明治40年(1907)に建設された江ノ電唯一のトンネル。アーチ型レンガ造りで、建設当時の原型のまま、今も現役である。鎌倉市景観重要建築物等および土木学会選奨土木遺産にも認定された重要な鉄道施設の一つだ。

赤いポストが印象的な極楽寺駅。「関東の駅百選」に選ばれたノスタルジックな雰囲気が観光客にも人気だ

サブコース

＊健脚派には、七里ヶ浜の鎌倉プリンスホテルで右折し、上り坂の七高通りから、里山の自然が広がる鎌倉広町緑地へと歩くコースもおすすめだ。ホテルわきから、すぐに緩やかな上り坂の住宅街となる。案内板がないので、あらかじめ地図を調べておくと迷わず安心。

ヒント

＊江ノ電の走行ルートに沿って歩くコースなので、疲れたら、途中、江ノ電で移動するのも一案。疲労軽減にもなり、江ノ電の車窓からの景色を楽しめる。江ノ電1日乗車券の「のりおりくん」(650円)は江ノ電全区間を1日何度でも利用でき、周辺施設の割引もある。

DATA 江ノ電土木遺産　2014年、江ノ電の鉄道施設群が土木学会から土木遺産として選ばれた。「極楽洞」のほか、「龍口寺前交差点」「極楽寺駅」「鎌倉高校前駅」の各所に銘板があるので探してみよう。

源義経が腰越状をしたためたと伝わる満福寺。腰越駅手前の住宅街を右に入り、江ノ電の線路を渡ると目の前に境内への石段がある

観光客にも人気の江ノ電鎌倉高校前駅。海を眺める小さな駅にはゆったりとした時間が流れる。「関東の駅百選」にも選ばれている

鎌倉の西端に位置する腰越漁港はしらす漁が盛んで、周辺にはしらす料理の店やしらすの売店もあるのでランチやおみやげも

開放感のある海の風景が続くが、すぐ背後に丘陵が迫るせいか、ここの海は波がよく立ち、サーファーの姿も絶えない。七里ガ浜高校を右手に見ながら進んで行くと、海を目の前に店を並べるレストランやカフェが増えてくる。砂浜は散策やサーフィンを楽しむ人たちで賑わい、右手には時折、江ノ電が行き交う。海と電車ののどかな風景を楽しみながら砂浜に降りて散策するのも楽しい。行合橋の信号から10分ほど歩くと江ノ電の**❸鎌倉高校前駅**《かまくらこうこうまええき》だ。そのまま134号線を進むと左前方の海に突き出した岬が小動岬《こゆるぎみさき》。石段を上がれば、新田義貞が戦勝祈願をしたという**❹小動神社**《こゆるぎじんじゃ》が丘の上の正面に位置する。境内にある展望台からは江の島、腰越漁港、相模湾が一望できる。国道を少し戻って腰越商店街へ向かい、「義経腰越状旧跡」として知られる**❺満福寺**《まんぷくじ》、日蓮龍ノ口法難で知られる**❻龍口寺**《りゅうこうじ》と参拝をしていこう。江ノ電が路面を走る腰越商店街は車両に注意しながら歩こう。

ゴールの江ノ島電鉄江ノ島駅は、龍口寺から3分ほどである。

琵琶田
鎌倉山(一)
立石
馬場ヶ谷
鎌倉山(二)
鎌倉市
110
明治時代に造られた歴史あるレンガのトンネル
極楽洞
アカシヤ並木
七里ガ浜東(四)
奥稲村
極楽寺(四)
稲村ガ崎(五)
稲村ヶ崎小
田辺広町
七里ガ浜局
忍性墓
極楽寺
七里ガ浜東(三)
朝日通
スタート
極楽寺駅
伝上杉憲方墓
20分
稲村ガ崎(二)
七高通り
鎌倉プリンスホテル
日蓮袈裟掛松
極楽寺川
極楽寺(一)
稲村ヶ崎
稲村ガ崎(一)
稲村ヶ崎温泉
姥ヶ谷
稲村ガ崎
5分
由比ヶ浜・逗子へ
❷稲村ヶ崎
江の島方面を眺めながら海辺のウォーキング
稲村ヶ崎(新田義貞徒渉伝説地)
鎌倉海浜公園稲村ガ崎地区
❶十一人塚の石碑
国道をくぐって渡る

鎌倉海浜公園稲村ガ崎地区。岬の高台には東屋が整備され、アジサイが咲く

みちくさ

買う 腰越漁協販売所朝どれフライ《こしごえぎょきょうはんばいじょあさどれふらい》

漁協の一角で魚の揚げたてを販売している人気の店。腰越沖でとれた魚は新鮮そのもの。注文を受けてから揚げるので、どの魚も熱々、衣はサクサクとおいしい。テイクアウト、イートインともに可。アジ、イワシ、サバなど魚も肉厚。入荷状況により価格変動。13〜17時、水・金曜休。

☎0467-32-4743

COLUMN

新田義貞鎌倉攻めの舞台・稲村ヶ崎

鎌倉時代末期に新田義貞軍鎌倉攻めの舞台となったことで知られる稲村ヶ崎。国道134号線の開削で、岬が屏風のように立ちはだかっていた古戦場の面影はなく、今は明るい海浜公園である。由比ヶ浜から海沿いに遊歩道が通る(写真)。

龍口寺の山門には歴史を感じさせる見事な彫り物が見える

DATA 江ノ電1日乗車券「のりおりくん」 鎌倉駅〜藤沢駅の全区間において、1日何度でも「のりおり」ができ、沿線の施設の特典が受けられる。当日のみ有効で、大人650円、子ども330円。

14 街

鎌倉市

西鎌倉から鎌倉山へ

古刹に参拝し、見晴らしの丘をめぐり、心のどかに鎌倉山さくら道散策

鎌倉山さくら道を彩るサクラ並木。鎌倉山の風景と爛漫と咲き誇るサクラは切り離せない

アクセス

行き 東京駅からJR東海道線で約42分の大船駅下車。湘南モノレール湘南江の島行きに乗り換えて約9分の西鎌倉駅下車。

帰り 梶原口バス停から京急バス大船駅行きで約14分の終点下車。往路を戻る。

問合せ先

鎌倉市観光協会☎0467-23-3050
鎌倉市観光総合案内所☎0467-22-3350
湘南モノレール☎0467-45-3181

スタート 西鎌倉駅
← 徒歩20分
❶ 青蓮寺
← 徒歩15分
❷ 鎌倉山ロータリー
← 徒歩13分
❸ 鎌倉山記の石碑
← 徒歩5分
❹ 鎌倉山 檑亭
← 徒歩18分
❺ 夫婦池公園笛田口
← 徒歩10分
❻ 仏行寺
← 徒歩15分
ゴール 梶原口バス停

歩行時間 約1時間40分
歩行距離 約5km
歩数 約10000歩

青蓮寺では毎月1回、初めての人でも参加できるお写経の会が開かれている。写経奉納料1000円

大船駅から西鎌倉駅へは湘南モノレールで所要約9分。町並みを眼下に快適な走行を楽しもう

中央の石柱に大きく鎌倉山の文字が見える鎌倉山ロータリー。ここから鎌倉山さくら道が始まる

JR大船駅から湘南モノレールで訪ねる鎌倉西部エリアは、鎌倉観光のメインルートから離れているため、静かな散策を楽しむことができる。大船駅から4つ目の西鎌倉駅で降り、赤羽交差点から手広方面へ20分ほど歩くと左手が緑に包まれた❶**青蓮寺**《しょうれんじ》だ。弘法大師自ら作られたという等身像の本尊・木造弘法大師坐像は膝が鎖で屈伸するように造られているため、鎖大師とも呼ばれる国の重要文化財。境内には願いごとができる愛らしい童子像が並ぶなど、古刹の佇まいの中にどこか温かい趣をたたえた寺である。

西鎌倉小学校交差点の手前まで戻って左折し、住宅街の細い道から❷**鎌倉山**《かまくらやま》**ロータリー**へ続く道へと向かう。ロータリーの中央には大きく「鎌倉山」と記された3mほどの石柱が立ち、右手へ大きく曲がると、サクラ並木が続く鎌倉山さくら道の始まりである。緩やかな坂を上って行くと右側に佐々木信綱文学碑、この先、見晴バス停にさしかかると季節、天候を選べば江の島や相模湾、富士山がよく見える場所もある。一帯は住宅街なので、マナーを守り、静かに歩きたい。見晴バ

鎌倉山ロータリーに立つ石柱は関東大震災で倒壊した鶴岡八幡宮の鳥居を使ったものだという

COLUMN

湘南モノレールで楽しむ空中散歩

大船駅と湘南江の島駅を結ぶ湘南モノレールは江ノ電と並ぶ鎌倉散策の人気路線。樹木や家並みを眼下に、カーブもひるまず飛ぶように走る懸垂式モノレール体験は爽快そのものだ。大船・湘南江の島間の6.6kmを所要14分で結ぶ。

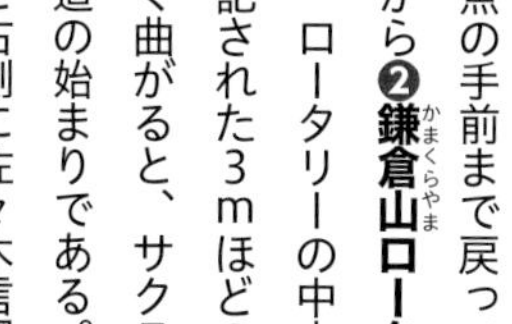

サブコース

＊湘南モノレール西鎌倉駅からは、里山の景観が守られている鎌倉広町緑地、森や水辺で野鳥、昆虫、草花などが観察できる夫婦池公園などへも徒歩で行くことができる。それぞれ園内には散策コースが設定されており、これらの園内散策をプランに入れるのも楽しみ。

ヒント

＊鎌倉山は閑静な住宅街で、ハイキングコースではないので、静かに歩くマナーが求められる。注意して歩こう。帰りの交通手段は、バスで大船駅、または鎌倉駅へ向かうほか、起点の西鎌倉駅へ戻るか、七里ガ浜住宅地を抜け、江ノ電七里ヶ浜駅へ向かう選択肢もある。

DATA 湘南モノレール「1日フリーきっぷ」 湘南モノレール全駅乗り降り自由、大船、深沢、西鎌倉、江の島周辺施設のお得な割引、特典付き。610円。

町並みに少しずつ変化も見られるが、鎌倉山を歩くと江の島、富士山の眺望が素晴らしい絶景スポットに出合うことが多い

鎌倉山記の石碑わきには、夫婦池公園の鎌倉山口があり、ここから散策路へと下って行く

本館とともに国の登録有形文化財である鎌倉山檑亭の山門。回遊式庭園は食事代に充当できる入園料（500円）を支払い、散策が自由に楽しめる

ス停を過ぎると、間もなく❸**鎌倉山記《かまくらやまき》の石《せき》碑《ひ》**。すぐわきには、夫婦池公園鎌倉山口の入口がある。樹木や野鳥観察を楽しむなら、「森のさんぽみち」や「水辺のさんぽみち」などが整備された園内散策がおすすめだ。

ここではさくら道を上りながら進んで行こう。右側に❹**鎌倉山《かまくらやま》　檑亭《らいてい》**の風格ある山門が見えてくる。かつて鎌倉山開発でできた別荘地をそのままに、今では蕎麦と会席料理の店となっている。横浜にあった江戸時代の豪農の家を移転改築した本館、西御門にあった古刹から移築した山門に加え、地形を生かした広大な庭園では、四季の花や仏像などを散策しながら楽しめる（有料）。

鎌倉山駐在所まで来たら、鎌倉山集会所の角で左折しよう。道なりに進むと❺**夫婦池公《めおといけこう》園笛田口《えんふえだぐち》**の前へ出る。公園北側にある梶原氏ゆかりの❻**仏行寺《ぶつぎょうじ》**を訪ね、参拝をしていこう。本堂の裏手には池を配した庭園が広がり、それを見下ろすように山の斜面一帯がツツジ群落となっている。4月後半は見事なツツジの咲く風景に出合える。帰りは、梶原口バス停まで歩き、大船駅へ戻ろう。

COLUMN

森と水辺を散策できる夫婦池公園

見晴バス停から徒歩5分で夫婦池公園の鎌倉山口。階段と坂道の多い「森のさんぽみち」を下ると2つの池（上池・下池）にたどりつく。環境保全を第一に考えた公園で、貴重な野鳥や植物も数多い。パークセンターでは休憩もできる。

源頼朝の信任篤かった梶原氏ゆかりの仏行寺。本堂の裏手には手入れの行き届いた庭園が広がる

みちくさ

食べる 買う ル・ミリュウ鎌倉山《るみりゅうかまくらやま》

鎌倉山からの絶景が眺められるスイーツの店として人気が高い。カフェも併設され、屋上の開放感あふれるテラス席で、遠くに鎌倉の海を眺めながらいただくスイーツは絶品。ケーキのほか、キッシュやサンドイッチ、グラタンなどがセットで楽しめる（1100～2000円）。9～18時、無休。

☎0467-50-0226

みちくさ

見る 食べる 鎌倉山《かまくらやま》 檑亭《らいてい》

緑豊かな5万㎡の庭園散策と国の登録有形文化財に指定されている本館2階で会席料理（要予約）、1階で蕎麦や一品料理が味わえる。コシが強く、風味豊かな蕎麦は1000～1750円。蕎麦定食2750円。庭園から見る富士山の眺望も見事。本館1階および庭園は11～16時、1月1日～3日休。

☎0467-32-5656

西鎌倉～鎌倉山
手広川
笛田(二)
笛田(三)
境内に安置された5体の童子像(五輪塔童子)に優しくふれながら願いごとをしよう
❶青蓮寺
20分
15分
手広
湘南モノレール
❷鎌倉山ロータリー
鎌倉山
❻仏行寺
15分
大塚川
ゴール
梶原口バス停
笛田(四)
常盤
笛田川
笛田公園
常盤口
西鎌倉小
西鎌倉入口
レ・シュー
赤羽交差点
ロイヤルホスト
10分
鎌倉山(四)
ローストビーフの店鎌倉山
佐々木信綱文学碑
住吉
鎌倉山さくら道
夫婦池公園
❺夫婦池公園笛田口
鎌倉山(一)
13分
鎌倉山(三)
WC
笛田(五)
スタート
西鎌倉駅
見晴
夫婦池公園鎌倉山口
夫婦池公園鎌倉山口から階段と坂を下って夫婦池へ。見晴らしはないが、自然が豊か
ル・ミリュウ鎌倉山
食べる 買う
旭ケ丘
若松
メンタルホスピタル
フランス菓子がおいしい見晴らし抜群のカフェ
高砂
18分
鎌倉山駐在所
鎌倉市
5分
鎌倉山(二)
見る 食べる
鎌倉山神社
❹鎌倉山 檑亭
❸鎌倉山記の石碑
夫婦池公園鎌倉山口の前にはベンチもあるので休憩も
檑亭本館前から眺める富士山の絶景。食事の後にのんびり庭園散策を楽しもう
鎌倉広町緑地
霊光寺
七里ガ浜小
N
0
300m

15 ハイキング

鎌倉市

鎌倉広町緑地から七里ヶ浜へ

小さな生きものたちがにぎわい暮らす 緑深い谷戸から水辺へ里山散策

園内を流れる御所川のせせらぎに沿って散策路がめぐる。初夏になるとホタルや川トンボが舞う

アクセス

行き 東京駅からJR東海道線で約42分の大船駅下車。湘南モノレールに乗り換えて約9分の西鎌倉駅下車。

帰り 江ノ島電鉄七里ヶ浜駅から約14分の鎌倉駅下車。JR横須賀線に乗り換えて約53分の東京駅下車。

問合せ先

鎌倉市観光協会☎0467-23-3050

鎌倉市観光総合案内所☎0467-22-3350

江ノ島電鉄☎0466-24-2713

- スタート 西鎌倉駅
- 徒歩15分
- ❶ 鎌倉広町緑地・御所谷入口
- 徒歩30分
- ❷ 峯山
- 徒歩15分
- ❸ 七里ガ浜入口
- 徒歩35分
- ❹ きはちの窪
- 徒歩35分
- ❺ カエル池
- 徒歩20分
- ❻ 大桜
- 徒歩10分
- ❼ 鎌倉山入口
- 徒歩30分
- 七里ヶ浜駅 ゴール

歩行時間 約3時間10分

歩行距離 約7.5km

歩数 約15000歩

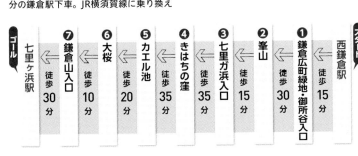

15

鎌倉広町緑地から七里ヶ浜へ

ホタルも飛び交う湿地帯の木道、きはちの窪付近

外周コースにはこんな眺望のよいポイントがときどき現れる。ここからは相模湾がよく見える。各所にベンチがあるのがうれしい

鎌倉広町緑地管理事務所では緑地散策のためのマップを配布。トイレはここだけなので注意を

湿地エリアの小竹ヶ谷にはシダの群生が広がる

湘南モノレール西鎌倉駅から県道304号線を南下し、バス停白山橋手前で住宅街へ左折すると15分ほどで、❶**鎌倉広町緑地**《かまくらひろまちりょくち》**・御所**《ごしょ》**谷入口**《がやついりぐち》である。入口左手の管理事務所で緑地散策マップを手に入れよう。緑地内は御所谷、小竹ヶ谷、竹ヶ谷、室ヶ谷などの谷戸とそれを取り囲む尾根一帯に散策路がめぐっている。入口広場を左に見ながら直進し、案内板にしたがって小竹ヶ谷方面へ進もう。

尾根の裾野から外周コースの細い山道をひと上りすると、御所ヶ丘住宅地に面した高台だ。この先の尾根道には相模湾や富士山を眺望するスポットが点在している。室ヶ谷との分岐を通り過ぎ、道なりに進むと、ベンチが設置された最初の眺望スポット、富士見坂にたどりつく。この先でいったん外周コースをはずれ、左手に延びるロープ柵の道を行けば、2つ目の富士山眺望地の❷**峯山**《みねやま》だ。条件がよいと広々とした山並みと富士山の眺望が楽しめる。折り返して元の外周コースへ戻ろう。

❸**七里**《しちり》**ガ浜入口**《はまいりぐち》から相模湾の眺望地、背の高いアズマネザサが茂る尾根道などを経て、外周コースへ。途中、案内板にしたがって左

散策路のいたるところにボランティアによる案内板が設置され、迷うことなく、先へ進める

野鳥や小さな生きものも大切に保護されている鎌倉広町緑地。ノスリ（左上）が舞う姿やコガネムシ（右上）、ヤマアカガエル（左）なども観察できる

サブコース

＊鎌倉広町緑地には、鎌倉山方面、または湘南モノレールの西鎌倉駅、江ノ電の七里ヶ浜駅、鎌倉高校前駅、腰越駅などにつながる出入口が5ヶ所ある。鎌倉山の住宅街を経て夫婦池公園へのコース、山の辺通りから正福寺坂を経て稲村ヶ崎に立ち寄るコースもおすすめ。

ヒント

＊鎌倉広町緑地は、鎌倉市と市民が協働で進めてきた里山復元活動により蘇った都市林。森や草地、湧水が流れ込む水辺環境が広がる約48haの緑地にはカエルやホタル、トンボなどが暮らす貴重な生態系が守られている。緑地内は谷戸と尾根を一周して所要約2時間。

右：鎌倉広町緑地のシンボルツリーの大桜。推定樹齢200年ともいわれる
上：鎌倉山入口から出て急な階段を降りると七里ガ浜の住宅街が広がる

トンボ池にはトンボやホトケドジョウなどの水生生物が見られる

点在する湿地や田んぼではカエル類やホタルも観察できる

の山道を進み、竹ヶ谷の谷へと下っていこう。シダが覆う道の先には、❹**きはちの窪**《くぼ》と呼ばれる湿地が広がっている。ホタルやドジョウなどが生息する貴重な環境が守られており、木道も整備されている。谷筋から流れる沢にかかる小さな橋を渡るとスタート地点の管理事務所わきに出る。

ここからは御所川の小さな流れに沿って東側の御所谷方面へ。道の右手は里山復元活動が行われているエリアで、畑や田んぼの風景が広がっている。大エノキへの分岐を過ぎ、川沿いに進むと❺**カエル池**《いけ》のほとりに出る。オタマジャクシを探す子どもたちに人気のある場所だ。池のそばから山道を上ると、山の中腹に岩が垂直に切り立った場所へ出る。ここは勾配のきつい坂なので十分に注意して歩こう。山道を上り切ったら外周コースを右へ歩き、案内板にしたがって、樹齢約200年ともいわれる迫力ある❻**大桜**《おおざくら》を見ていきたい。

帰路は❼**鎌倉山入口**《かまくらやまいりぐち》から七里ガ浜の住宅街の坂道を下り、きらめく海を正面に見ながら、江ノ電の七里ヶ浜駅をめざそう。

右：初夏には、新緑の木々にツルを巻きつけるフジの薄紫色が美しい　上：5〜7月に開花するヤブデマリ　左：3〜5月にはタチツボスミレも紫色の花を咲かせる

みちくさ

食べる 買う アマルフィイ カフェ《あまるふぃい かふぇ》

1階がイタリアンスイーツのアマルフィイ ドルチェ。3階のカフェでは七里ヶ浜の海を一望できるテラス席でランチやスイーツタイムを楽しめる。お好みのドリンクとケーキが選べるドルチェセットは季節感満載で人気の盛り合わせプレート。帰りには1階でおみやげ選びも。11～19時、元日休。☎0467-53-8801

COLUMN

鎌倉広町緑地で自然体験

鎌倉広町緑地は季節を追って開花する花々や水辺で暮らす生きものを間近に見ることができる貴重な里山。ボランティアによる自然観察会が開かれることも。貴重な環境を維持するためにボランティア活動に参加するのも興味深い。

DATA 鎌倉広町緑地　8時30分～17時15分（トイレはこの時間内に利用可）、無休、無料。管理事務所☎0467-32-5112

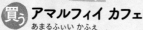

16 公園

鎌倉市

六国見山から散在ガ池へ

2つの森林公園をめぐり、展望と緑陰の水辺散策を楽しむ

農業用水池だった散在ガ池は、「鎌倉湖」とも呼ばれ、周囲には尾根道や谷道の散策路が整備されている。落ち着いた景観と佇まいが日々の喧騒を忘れさせてくれる

アクセス

行き 東京駅からJR東海道線で約42分の大船駅下車。

帰り 今泉不動バス停から江ノ電バス「鎌倉湖畔循環」で約28分の大船駅下車。往路を戻る。

問合せ先

鎌倉市観光協会☎0467-23-3050
鎌倉市観光総合案内所☎0467-22-3350
鎌倉市公園協会☎0467-45-2750
江ノ電バス湘南営業所☎0466-55-1001

スタート 大船駅東口
← 徒歩20分
❶ 常楽寺
← 徒歩15分
❷ 高野の切通
← 徒歩12分
❸ 六国見山森林公園北口
← 徒歩15分
❹ 展望台
← 徒歩40分
❺ 散在ガ池森林公園南口
← 徒歩30分
❻ 散在ガ池森林公園北口
← 徒歩3分
ゴール 今泉不動バス停

歩行時間 約2時間15分

歩行距離 約6km

歩数 約12000歩

六国見山森林公園北口から階段を上って、六国見山へ。最初はかなり急な石段を上る

階段が整備されて歩きやすい六国見山へ向かう山道

大船高校のそばに今も残る高野の切通。昔、六浦方面と結ばれていた古い街道の一部で、時間が止まったような一角である

3代執権・北条泰時の墓がある古刹・常楽寺山門。参道の奥に静かな佇まいを見せる

大船駅東口から鎌倉芸術館方向へ商店街を直進する。大船中央病院前を右折し、三菱電機の角を左折して進むと、左手の松の根元に石柱が立ち、その奥に❶**常楽寺**《じょうらくじ》の風格ある佇まいが見える。鎌倉幕府3代執権・北条泰時が妻の母を供養するために建てた粟船御堂が始まりといわれる歴史ある寺だ。昔、このあたりは粟を積んだ船が出入りした入江で、山門に飾られた扁額に書かれた「粟船山《ぞくせんざん》」は当時の「粟船」にちなんだもの。大船の地名もこれに由来するという。

元の道へ戻り、常楽寺交差点を直進して突き当たりを左へ歩くと門前に庚申塔が並ぶ多聞院が見えてくる。隣接した石段上には、大船の鎮守である熊野神社がある。多聞院駐車場わきの細道から、神社を回りこむように山の方へ入っていくと、すぐに岩壁の高さが3mほどの❷**高野**《たかの》**の切通**《きりどおし》が始まる。鎌倉の七切通には数えられていないが、かつての古道の佇まいが今もよく残されている。切通は次第に浅くなり、大船高校をまくように進むと、高野台バス停のロータリーへたどりつく。バス通りを下って最初のT字路を左折す

散在ガ池森林公園には急な山道、緩やかな坂道など、バラエティに富んだ散策路が整備されている

COLUMN

鎌倉有数の歴史をもつ古刹・常楽寺

日本で最初の港を材木座に築き、御成敗式目の制定に力を注ぐなど、名執権として知られる北条泰時が建立した粟船御堂を始まりとする寺。建長寺開山前の蘭渓道隆もこの寺で禅を広めたという。茅葺きの山門は市の有形文化財。

サブコース

＊六国見山森林公園は、北鎌倉駅を起点に公園南口からも登れ、展望台で北口からのコースと合流する。南東へ歩けば、今泉台の住宅街から散在ガ池森林公園へ、また明月院分岐からは、天園ハイキングコースへつなぐこともできるので、健脚派にもおすすめしたい。

ヒント

＊六国見山からの眺望は山頂ではなく、展望台で楽しもう。源氏山や稲村ヶ崎の向こうに相模湾、富士山などが眺望できる。ベンチ、展望方位盤がある。サクラの木も多く、春の花見も楽しめる。六国見山山頂（147m）はここから300mほど南東で、展望は望めない。

DATA 六国見山森林公園　大船駅からは高野台バス停経由で公園北口、北鎌倉駅からは徒歩で公園南口が近い。サクラの季節には展望広場で花見が楽しめる。

展望台から横浜方面を眺望する。広場周辺はサクラが多く、春は花見の人出も多い

奈良時代の伝説が伝わる稚児塚は展望台を過ぎると間もなく、右手の平場に現れる

六国見山展望台からは由比ヶ浜、鎌倉の山並みなどの眺望が楽しめる。相模、武蔵、安房など六国を一望したのが名の由来

こんもりと小高い六国見山の展望台はかつての富士塚で、富士信仰の名残りだという

ると5分ほどで、❸**六国見山森林公園北口**《ろっこくけんざんしんりんこうえんきたぐち》に到着する。

登山路入口の標識にしたがって階段を上り切ったところが大船高野配水池。南へコースをとり、雑木林の中に整備された階段を10分ほど歩けば、見晴らしのいい❹**展望台**《てんぼうだい》だ。かつて相模、武蔵、伊豆、上総、下総、安房、さらに富士山も眺望できたというのが名前の由来。展望方位盤で景色を楽しんだら、笹竹が茂る道を南東方向へ進もう。稚児塚を過ぎ、小さなピークを越えると、すぐに三角点だけが認められる六国見山頂上だ。山道を下り、住宅街へ出るとすぐに、明月院方面への分岐があるが、ここではそのまま東へ直進して今泉台の団地を通り抜けると、❺**散在**《さんざ》**ガ池**《いけ》**森林公園南口**《しんりんこうえんみなみぐち》だ。住宅街は案内板がないので、注意しながら進もう。

江戸時代の農業用貯水池を整備した散在ガ池森林公園は池の周囲に尾根や森を歩く散策路が整備されている。全長８００ｍほどの「のんびり小径」、水辺の木道を歩く「せせらぎの小径」を経て❻**散在**《さんざ》**ガ池森林公園北口**《いけしんりんこうえんきたぐち》へ。帰路は、今泉不動バス停から大船駅へ戻ろう。

COLUMN

散策路がめぐる散在ガ池森林公園

周辺部落の入会地にあった農業用貯水池が、散在ガ池として整備された自然豊かな公園。「馬の背の小径」「のんびり小径」「せせらぎの小径」など、約2.4kmの散策路が整備され、サクラ、紅葉や野鳥、植物などの自然探訪にもおすすめ。

散在ガ池東側の「のんびり小径」は緩やかな坂道が続く

DATA 散在ガ池森林公園　8時30分〜17時15分、12月29日〜1月3日休。管理事務所☎0467-47-1176

みちくさ

食べる 茶のみ処 大船軒《ちゃのみどころ おおふなけん》

駅弁の大船軒がレトロな本社ビルの一室で営業する食事処。駅弁の工場に隣接しているため、「鯵の押寿し」ができたてで味わえる。20席と小ぢんまりとしているが、懐かしい昭和の雰囲気の中でいただく「鯵の押寿し」(620円)、「鯵と小鯛の押寿し」(670円)は格別な味わい。11～15時、月・火曜休。☎0467-44-2005

みちくさ

買う 大船軒の駅弁《おおふなけんのえきべん》

大船軒は湘南名物「鯵の押寿し」(980円)と「大船軒サンドウィッチ」(530円)などの駅弁の老舗。伝統製法を継承した押ずし、鎌倉ハムとチーズを使用したサンドイッチなど、いずれも歴史のある商品で湘南を代表する人気の味だ。大船駅南改札口、西口売店、鎌倉駅売店などで販売。☎0467-44-2005

17 史跡・寺社

鎌倉市

大船観音寺から玉縄へ

鎌倉・玉縄城ゆかりの地を訪ね、フラワーセンターで季節の花を愛でる

ふくよかな表情の白衣の大船観音は、小高い丘の上から大船の街を見守っている

アクセス

行き 東京駅からJR東海道線で約42分の大船駅下車。

帰り 往路を戻る。

問合せ先

鎌倉市観光協会☎0467-23-3050

鎌倉市観光総合案内所☎0467-22-3350

スタート 大船駅西口

↓ 徒歩6分

❶ 大船観音寺

↓ 徒歩10分

❷ 玉縄首塚

↓ 徒歩20分

❸ 龍寶寺

↓ 徒歩6分

❹ 七曲坂

↓ 徒歩10分

❺ 玉縄城址石碑

↓ 徒歩5分

❻ ふわん坂

↓ 徒歩15分

❼ 日比谷花壇大船フラワーセンター

↓ 徒歩17分

ゴール 大船駅西口

歩行時間 約1時間30分

歩行距離 約5km

歩数 約10000歩

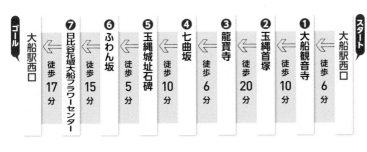

17 大船観音寺から玉縄へ

龍寶寺境内に移築されている旧石井家住宅は江戸時代初めの名主の住宅

玉縄北条氏の菩提寺だった龍寶寺。ウメやショウブなど季節を彩る花も多い。サクラが開花すると門前、境内もひときわ華やかだ

地元の人々が今も供養を続けている玉縄首塚

玉縄歴史館では玉縄の歴史を見学しよう

大船駅西口から柏尾川を渡り、目の前の小高い丘に立つ白衣《びゃくえ》の大船観音をめざそう。県道を渡り、右手角の案内板にしたがって進むと、一本奥の道沿いに❶**大船観音寺**《おおふなかんのんじ》へ上る参道の入口がある。高台の巨大な観音像（高さ25m）の胎内には小さな観音像が安置され、拝観もできる。観音像前の広場からは大船の街の眺望が眼下に広がっている。

元の県道に戻り西へ進むと、五輪塔や六地蔵が並ぶ❷**玉縄首塚**《たまなわくびづか》がある。鎌倉の要害の地、玉縄の合戦で命を落とした武将を弔う塚で、毎年8月の「玉縄首塚まつり」では供養の灯篭流しが行われる。フラワーセンター前の県道で右折すると龍寶寺トンネル。ここを過ぎれば❸**龍寶寺**《りゅうほうじ》の茅葺の山門が右手に見えてくる。玉縄城主歴代の菩提寺であり、江戸時代の儒学者・新井白石のゆかりの寺でもある。境内では玉縄地域に伝わる歴史資料や昔の生活具を展示する玉縄歴史館、国指定重要文化財の旧石井家住宅を見学できる。

県道を渡り、住宅街を北西へ進むと植木子ども会館の先に❹**七曲坂**《ななまがりざか》の入口がある。500年前、北条早雲が築いた玉縄城へ続く古道を復元したもので、S字状の坂道を上りつめたあたりが難攻不落と言われた城の大手門址のようだ。玉縄城址は清泉女学院の私有地にあるため立ち入れないが、住宅街を道なりに進むとT字路角の石垣上に❺**玉縄城址石碑**《たまなわじょうしせきひ》がある。その先の工務店角を左折すると城の防御拠点となった❻**ふわん坂**《ざか》。急坂で見通しのよくないこの道はかつての城郭へ向かう道だったという。県道へ出たら左折し、❼**日比谷**《ひびや》**花壇大船**《かだんおおふな》**フラワーセンター**へ立ち寄って大船駅西口へ戻ろう。

大船フラワーセンターで見つけた中国原産のキジュ。小さなバナナのような実を多数つけることから子孫繁栄にたとえられる喜びの樹が名のいわれ

サブコース

＊鎌倉市植木地域には、季節の風景が美しい古刹が点在している。徳川家康ゆかりの久成寺、玉縄城守護の寺として創建された円光寺、江戸時代には寺子屋として玉縄地域の文教の中心だった貞宗寺など、花や紅葉の季節には、ぜひ足を延ばしてみたい寺である。

ヒント

＊かつての玉縄城址の遺構は、周辺をめぐる古道や案内板、石碑などにその面影をとどめているのみ。龍寶寺境内の玉縄歴史館には地域模型図などが展示されているので、立ち寄って、あらかじめ城址と古道の位置関係などを見ておくと、歴史を偲ぶ楽しみが広がる。

バラ、シャクヤク、ハナショウブなど四季の花々が鑑賞できる日比谷花壇大船フラワーセンター。品種の数も多く、花好きは必見

太鼓櫓があったと推定される平場は今は市民緑地になっている

玉縄城址から下るふわん坂。難攻不落の山城ならではの坂道が残る

かつての玉縄城大手門をめざして続く歴史の道・七曲坂を偲んで歩こう

DATA 日比谷花壇大船フラワーセンター　9～17時（11～2月は～16時）、第2・4月曜（祝日の場合は翌日）・年末年始休、400円。☎0467-46-2188

AREA : Shonan

21 ← 18

湘南エリア

相模湾を目の前にして
江の島岩屋へ歩く岩屋橋

18 公園

藤沢市

新林公園から片瀬江ノ島へ

眺望豊かな森の散策路から旧江の島道をたどる自然・歴史散策

上：藤沢駅に近いが、7割以上が森という自然豊かな新林公園。春は古民家前の広場にウメが咲く
右：北条時宗に処刑された元の国使の墓がある常立寺。枝垂れ梅が美しい
下：新林公園を一周する尾根道の展望台から富士山を眺望する

アクセス

行き 東京駅からJR東海道線で約47分の藤沢駅下車。

帰り 片瀬江ノ島駅から小田急江ノ島線で約7分の藤沢駅下車。往路を戻る。

問合せ先

藤沢市観光センター☎0466-22-4141
片瀬江の島観光案内所☎0466-24-4141
小田急お客様センター☎044-299-8200

スタート 藤沢駅南口
↓ 徒歩20分
❶ 新林公園
↓ 徒歩70分（尾根道一周）
❷ 馬喰橋
↓ 徒歩12分
❸ 江の島弁財天道標
↓ 徒歩5分
❹ 密蔵寺
↓ 徒歩7分
❺ 常立寺
↓ 徒歩5分
❻ 龍口寺
↓ 徒歩3分
❼ 江ノ島駅
↓ 徒歩10分
ゴール 片瀬江ノ島駅

歩行時間 約2時間15分

歩行距離 約7km

歩数 約14000歩

庚申供養塔や道祖神などが立ち並ぶ旧江の島道

江戸時代前期の鍼医・杉山検校が寄進した江の島弁財天道標（中央）

新林公園の川名大池はカワセミも飛来するバードサンクチュアリ。紅葉シーズンも美しい景観を見せる

新林公園に移築された茅葺屋根の旧福原家長屋門

新林公園尾根道の散策路はアップダウンがあるので、しっかりとした靴で歩きたい

藤沢駅南口から境川を渡り、春はウメ、初夏はフジが美しい公園を散策し、かつて旅人が往来した旧江の島道をたどってみよう。広重の浮世絵『東海道五十三次之内 藤澤』に描かれた藤沢は弁財天信仰が盛んになった江戸時代、江の島詣でに繰り出す庶民で大いに賑わった宿場町。旧江の島道は藤沢宿の中心だった藤沢駅北側の遊行通りから続く道である。

国道467号線の奥田公園前交差点から藤沢市民会館のわきを抜け、奥田橋で境川を渡るとほどなく❶**新林公園**《しんばやしこうえん》だ。丘陵と裾野の谷戸に広がる園内には、湧き水でできた川名大池、山の尾根に沿うように延びる散策路や、湿性植物地などもあり、野鳥や自生植物の観察も楽しめる。尾根の散策路には「みはらし台」も設けられ、江の島や相模湾が一望できる。

自然豊かな園内散策を楽しんだら境川沿いの道へ戻ろう。しばらく南へ歩くと、片瀬山からの小さな流れと境川がぶつかる地点で❷**馬喰橋**《うまくらばし》という名の小さな橋を渡る。境川を少し遡った上山本橋付近にはかつて船着場があり、このあたり一帯は海上交通の拠点としても賑わっていたという。新屋敷橋を右手に見

COLUMN

江戸庶民の遊山は大山、江の島詣で

江戸中期、庶民の間で流行したのが大山（神奈川県伊勢原市）から江の島弁財天、岩屋へと歩く信仰と遊山の旅。大山道から藤沢宿、江の島道を経て、江の島、鎌倉、金沢（横浜市金沢区)をめぐり、江戸へ戻るのが定番だったという。

龍口寺前の扇屋は創業天保年間という老舗。江ノ電もなかと店頭の江ノ電車両の実物でおなじみ

サブコース

＊旧宿場町の歴史を活かしたまちづくりを進めている藤沢市では、藤沢駅北口から徒歩15分の時宗総本山・遊行寺門前一帯の旧宿場町を「街なみ継承地区」に指定し、「ふじさわ宿交流館」を整備。旧江の島道の起点となる東海道・旧宿場町にも足を延ばしたい。

ヒント

＊新林公園では尾根歩きや野鳥観察、季節の花や紅葉、古民家見学など、さまざまな楽しみ方ができる。歴史探訪の江の島道歩きと組み合わせて楽しめるように、無理のない時間配分を考えよう。ウメ、フジ、アジサイなどが咲く季節に合わせるのはとくにおすすめ。

DATA 新林公園　尾根の散策路は全長約1.5km、歩行時間は約1時間。ウメ、サクラ、フジ、ハナショウブなどが楽しめる。入園自由。古民家見学は9時～16時30分、月曜（祝日の場合は翌日）・年末年始休

鎌倉駅方面、藤沢駅方面から江の島へ向かう観光客で賑わう江ノ電江ノ島駅

洲鼻通りは飲食店やみやげ店が並ぶ江の島へ続く参詣道

日蓮の「龍ノ口法難」で知られる龍口寺

2014年に「土木遺産」に認定された江ノ電。併用軌道区間の龍口寺前交差点は日本の普通鉄道としては最小のS字カーブ

ながら、この先は川の流れから離れ、閑静な住宅街が続く道を進もう。

片瀬小学校のわきには、かつての古道を偲ばせる庚申塔や、❸**江《え》の島弁財天道標《しまべんざいてんどうひょう》**が立つ。この道標は管鍼術を江の島弁財天に授かったという、江戸時代の鍼師・杉山検校が元禄2年（1689）頃に江の島道沿いに建てた48基の一つだ。小学校南隣りの泉蔵寺やこの先の❹**蜜蔵寺《みつぞうじ》**の門前には、年代を感じさせる複数の庚申塔が並んでいる。密蔵寺の先で二手に分かれる道の分岐や片瀬市民センター前にも江の島弁財天道標を見ることができる。そのまま道なりに進むと、元《げん》の国使の墓で知られる日蓮宗の古刹❺**常立寺《じょうりゅうじ》**だ。

湘南モノレールの湘南江の島駅を過ぎ、再び国道に出て左折すれば、日蓮龍ノ口法難の跡とされる日蓮宗霊跡本山の❻**龍口寺《りゅうこうじ》**である。毎年9月11～13日の「龍口法難会」では大法要が営まれ、12、13日には参詣者に難除けの牡丹餅が撒かれる。国道を渡り、江ノ電❼**江《え》ノ島駅《しまえき》**前から続く洲鼻《すばな》通りを過ぎると、正面に江の島が迫ってくる。右手の弁天橋を渡れば、小田急線の片瀬江ノ島駅である。

みちくさ

買う 江ノ電グッズショップ

えのでんぐっずしょっぷ

湘南の海沿いをのんびり走る人気の江ノ電をモチーフにした江ノ電グッズは、おみやげにも喜ばれる。鎌倉、江ノ島、藤沢の各駅には江ノ電グッズ専門のショップがあるのでのぞいてみよう。店内には江ノ電の動く車両おもちゃやバスコレクション、文具、クッキー、Tシャツなど、江ノ電仕様の商品が満載。

みちくさ

買う 湘南藤沢コンシェルジュ

しょうなんふじさわこんしぇるじゅ

藤沢駅南口2階のコンコースにある提案型の観光案内所。藤沢だけでなく、江ノ電沿線や鎌倉市内の観光情報も提供しており、各種パンフレットや街歩きマップなども揃う。藤沢や江ノ電沿線エリアの菓子や加工品など、観光名産品を多数揃えた湘南藤沢スーベニールズも併設され、買い物も楽しめる。

DATA 湘南藤沢コンシェルジュ　9～17時／湘南藤沢スーベニールズ　10～19時　問合せはどちらも☎0466-50-0001

新林公園から片瀬江ノ島へ

DATA 江ノ電グッズショップ藤沢　7～19時（土・休日は8～19時）／江ノ電グッズショップ江ノ島　10～18時／ことのいち鎌倉　10～18時（土・休日は10～19時）　☎0466-23-2351（問合せは土日・祝日を除く9時～17時45分）

19 海

藤沢市

展望灯台で360度の絶景を満喫し、
伝説と信仰の足跡が残る江の島を周遊する

片瀬江ノ島から江の島岩屋へ

中津宮に近い展望広場は江の島ヨットハーバーが目の前に広がる眺望スポット。ヨットハーバー周辺には、磯遊びができる「さざえ島」やプロムナードが整備されていて散策におすすめのエリアだ

アクセス

行き 東京駅からJR東海道線で約47分の藤沢駅下車。小田急江ノ島線片瀬江ノ島駅行きに乗り換えて約7分の終点下車。

帰り 往路を戻る。

問合せ先

藤沢市観光センター☎0466-22-4141
片瀬江の島観光案内所☎0466-24-4141

スタート 片瀬江ノ島駅
⇐ 徒歩25分
❶ 江島神社辺津宮
⇐ 徒歩5分
❷ 江島神社中津宮
⇐ 徒歩5分
❸ 江の島シーキャンドル
⇐ 徒歩10分
❹ 江島神社奥津宮
⇐ 徒歩5分
❺ 稚児ヶ淵
⇐ 徒歩3分
❻ 江の島岩屋
⇐ 徒歩10分
❼ 龍野ヶ岡自然の森
⇐ 徒歩30分
ゴール 片瀬江ノ島駅

歩行時間 約1時間35分

歩行距離 約5km

歩数 約10000歩

19

片瀬江ノ島から江の島岩屋へ

縁結びのご利益で人気の江島神社。「むすびの樹」の周りには絵馬が絶えることがない

妙音弁財天と八臂弁財天が祀られている奉安殿。拝観200円（八臂弁財天は2021年12月まで修復のため、拝観できない）

リニューアル後の小田急線片瀬江ノ島駅の駅舎。風格のある竜宮城に変身

潮風が心地よい江の島弁天橋から出発し、緑豊かな江の島をめざそう

心地よい海風を感じながら江の島弁天橋を歩いて江の島へ渡ろう。江島神社参道入口の青銅の鳥居をくぐり、みやげ店や飲食店が並ぶ江の島弁財天仲見世通りを上っていくと、間もなく❶**江島神社《えのしまじんじゃ》辺津宮《へつみや》**の朱塗りの鳥居が現れる。江島神社は辺津宮、中津宮、奥津宮の総称で、各宮は島内3ケ所に点在する。辺津宮境内の奉安殿には日本三大弁財天の一つ、裸弁財天（妙音《みょうおん》弁財天）と源頼朝が勧請したといわれる八臂《はっぴ》弁財天が祀られている。

奉安殿、末社の八坂神社の前を過ぎ、御岩屋道と書かれた石標にしたがって進もう。季節の花が咲くみどりの広場や展望デッキを左手に、突き当たりの階段を上ると❷**江島神社《えのしまじんじゃ》中津宮《なかつみや》**だ。鮮やかな朱色の社殿は、元禄時代に徳川綱吉が改築した権現造りの社殿を再現したもの。参道わきには江戸時代に活躍した歌舞伎役者や商人が奉納した石燈籠も見られ、当時の信仰の深さを知ることができる。

境内を出ると、御岩屋道は右へ大きく曲がり、その先に、江の島サムエル・コッキング苑がある。入口前の亀ケ岡広場には展望デッキが整備されているので、歩き疲れたら休憩

COLUMN

江島神社の女神様にご利益祈願

江島神社の辺津宮、中津宮、奥津宮には福を招き、芸道上達の功徳を持つ三女神が祀られ、奉安殿の八臂弁財天、妙音弁財天とともに、広く信仰されている。島内には、かつての江の島詣での賑わいを伝える史跡が今も残っている。

芸道上達を願って、江島神社には芸能関係者の参拝も多い。中津宮境内には歌舞伎俳優が残した手形も残る

サブコース

＊江の島島内の道は高低差が大きい。体力次第で、屋外エスカレーターの江の島エスカーや稚児ヶ淵と江の島弁天橋をつなぐ乗合遊覧船「べんてん丸」などを組み合わせた歩行プランを考えよう。遊覧船は片道所要約8分、400円。ただし、天候、波の状況で休航もある。

ヒント

＊鎌倉方面から江の島をめざすには江ノ電利用も楽しい。稲村ヶ崎駅を出発すると間もなく、車窓の向こうに海が広がり、見事な富士山が現れることもある。江ノ島駅で下車し、みやげ店や飲食店が並ぶ洲鼻通りをのんびり歩いて、江の島弁天橋入口まで徒歩約10分。

DATA 江の島エスカー　8時50分〜19時5分、3区間360円。江の島エスカー、江の島サムエル・コッキング苑、江の島シーキャンドル、江の島岩屋が1日何度でも出入り自由の江の島1dayパスポート「eno=pass」（1000円）が便利だ。

岩屋周辺には全長128mのオープン回廊がめぐる。途中には稚児ヶ淵へ降りる階段もある

切り立った景観を見せる「山二つ」はもろくなった海食洞が崩落してできたもの

龍野ヶ岡自然の森では「龍恋の鐘」を鳴らし、名前を書いた南京錠をかけて願いを

江ノ島シーキャンドル（展望灯台）の屋内・外の展望フロアから眺望する相模湾の絶景は迫力充分だ

にも最適。苑内には、明治時代の英国人貿易商、サムエル・コッキングによる温室遺構が保存・公開され、周囲には四季折々の花が咲くエリアが広がる。❸**江《え》の島《しま》シーキャンドル**（展望灯台）では、展望フロアから開放感あふれる360度の眺望を楽しもう。

御岩屋道を西へ進むと、途中に、浸食が進み、海食洞が落ち込んでできた「山二つ」を眺望するテラスがある。石段を下って上って、飲食店などが並ぶ一角を抜けると、❹**江島神社奥《えのしまじんじゃおく》津宮《つみや》**だ。源頼朝が寄進したと伝えられる石造りの鳥居や、龍宮大神を祀る社が見られる。

方向を変えながら石段を下っていくと、間もなく視界が開け、爽快な海原と波打ち寄せる❺**稚児《ちご》ヶ淵《がふち》**の岩棚が目に飛び込んでくる。断崖を回りこむように進むと突き当たりが❻**江《え》の島岩屋《しまいわや》**の入口。弘法大師や日蓮聖人も修行したと伝えられる、ほの暗い洞窟内には貴重な石像なども残る。2つの岩屋は歩道橋で結ばれているので安全にめぐることができる。

帰りは岩屋洞窟の真上にある❼**龍野《たつの》ヶ《が》岡《おか》自《し》然《ぜん》の森《もり》**に立ち寄り、中村屋羊羹店わきから裏参道を経て片瀬江ノ島駅へ戻ろう。

COLUMN

奥行き152mと56mの2つの洞窟

江の島岩屋は6000年もの間、波の浸食を受けて造られた海食洞。洞内には第一岩屋と第二岩屋の2つの洞窟があり、ローソクの灯でめぐるエリアもある。江島神社発祥の地で、貴重な石造物も点在。歴史資料の展示ギャラリーもある。

稚児ヶ淵では潮が引くと岩畳が現れる。龍宮城へ帰る亀のような形をした石があるので探してみよう。ここから見る富士山の眺望、日の出、日没などの景観が素晴らしい

DATA 江の島サムエル・コッキング苑、江の島シーキャンドル（展望灯台） 9～20時、無休（荒天時は休業の場合あり）、入苑料200円、昇塔料500円。☎0466-23-2444

みちくさ

食べる 買う 中村屋羊羹店《なかむらやようかんてん》

明治35年（1902）創業の羊羹の老舗。白隠元餡に磯の香り漂う青のりを練り込んだ伝統の元祖海苔羊羹は江の島を代表する銘菓だ。併設の茶房では山二つの絶景を楽しみつつ、甘みと抹茶をセットで味わえる。生クリーム、豆乳、寒天で作るなめらかな「くりいむとうふ」も人気。10時～17時30分（LO17時）、不定休。☎0466-22-4214

みちくさ

見る 江の島シーキャンドル《えのしましーきゃんどる》（展望灯台《てんぼうとうだい》）

海抜100mの展望室から富士山、伊豆半島、箱根、丹沢山系、大島、三浦半島と360度の大パノラマが堪能できる。最高部の屋外フロアも迫力。夕陽や「日本夜景遺産」、「関東三大イルミネーション」にも認定された夜景の美しさも人気がある。季節や時間ごとに刻々と変わる景観や色彩を楽しみたい。

片瀬江ノ島～江の島岩屋
新江ノ島水族館
世界初の「シラス」の展示にも挑戦。マイワシの群泳、クラゲの浮遊感などを楽しもう
片瀬海岸（二）
江ノ電江ノ島駅へ
片瀬海岸（一）
小田急江ノ島線
江ノ島電鉄線
134
476
スタート&ゴール
片瀬江ノ島駅
WC
弁天橋
洲鼻通り
腰越（三）
湘南海岸公園
藤沢市観光センター
鎌倉市
片瀬橋
境川
片瀬江の島観光案内所
藤沢市
30分
片瀬漁港
25分
海を見ながらのんびり渡ろう
江の島弁天橋入口。真正面に緑の江の島を見て歩こう
江の島アイランドスパ
江の島弁天橋
江の島大橋
相模湾
1 江島神社辺津宮
青銅の鳥居
江の島をちょうど2分するという切り立った崖を眺める景勝地
べんてん丸
奉安殿
八坂神社
岩本楼
恵比須屋
江の島（一）
センタープロムナード
湘南港（江の島ヨットハーバー）
山二つ
江の島弁財天仲見世通り
江の島
さざえ島（タイドプール）
中村屋羊羹店 食べる 買う
4 江島神社奥津宮
江の島（二）
御岩屋道
5分
10分
5 稚児ヶ淵
3分
江の島大師
ヨットハーバーや片瀬東浜の海を一望する展望台
疲れたらエスカー利用もできる。3区間乗り継ぎで頂上へ。全区間360円。区間販売もあり
6 江の島岩屋
7 龍野ヶ岡自然の森
見る 3 江の島シーキャンドル
2 江島神社中津宮
江の島サムエル・コッキング苑
N
0
300m

DATA 江の島岩屋　9～17時（11～2月は～16時、GW、夏休みなどは時間延長）、500円、荒天時は閉鎖・時間変更あり。江の島弁天橋と稚児ヶ淵を結ぶべんてん丸は片道400円、荒天時休航あり。

20 海

藤沢市・茅ヶ崎市

片瀬西浜から柳島海岸へ

正面に富士、波頭の向こうにえぼし岩、潮騒に包まれて「湘南海岸砂浜のみち」を歩く

片瀬西浜から茅ヶ崎方面に向かって弧を描くように続く湘南海岸。鵠沼海岸は季節を問わず、多くのサーファーで賑わう。浜にはビーチバレーコートも設置され、休日の海岸は人出も多くなる

アクセス

行き 東京駅からJR東海道線で約47分の藤沢駅下車。小田急江ノ島線片瀬江ノ島駅行きに乗り換えて約7分の終点下車。

帰り 浜見平団地バス停から神奈中バス茅ヶ崎駅南口行きで約10分の終点下車。JR東海道線に乗り換えて約55分の東京駅下車。

問合せ先

藤沢市観光センター☎0466-22-4141

茅ヶ崎市観光協会☎0467-84-0377

スタート 片瀬江ノ島駅
⇐ 徒歩20分
❶ サーフビレッジ
⇐ 徒歩30分
❷ 辻堂海岸
⇐ 徒歩5分
❸ 県立辻堂海浜公園
⇐ 徒歩55分
❹ ヘッドランド
⇐ 徒歩30分
❺ サザンビーチちがさき
⇐ 徒歩30分
❻ 柳島海岸
⇐ 徒歩15分
ゴール 浜見平団地バス停

歩行時間 約3時間15分

歩行距離 約10km

歩数 約20000歩

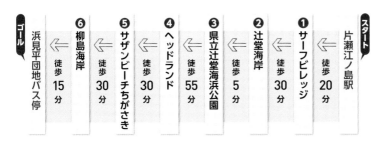

20 片瀬西浜から柳島海岸へ

上:「浜辺の歌」は辻堂で育った林古渓が辻堂海岸をイメージして作詞したという
右:「関東ふれあいの道・湘南海岸砂浜のみち」の道標が立つ

辻堂海岸までやってくると江の島も次第に姿が小さくなる

ボードウォーク(海風のテラス)は憩いのスペース

サーフビレッジには更衣室やシャワー、カフェなどが揃う

2020年に建て替えられた、小田急江ノ島線の終点、片瀬江ノ島駅で降りたら、正面の弁天橋を渡らず、国道134号方面へ。横断歩道を渡り、レストラン手前のデッキを通過し、片瀬西浜へ向かおう。片瀬海岸から鵠沼海岸まで約2kmの海岸線は、県立湘南海岸公園として整備されている。海岸から6・5mの高さがある遊歩道を進むと新江ノ島水族館、海風のテラス、芝生広場、公園管理事務所である**❶サーフビレッジ**などが続く。のびやかな弧を描いて広がる海の景観は開放的だ。好天のときには山並みの向こうに富士山を眺めることができる。

引地川にかかる鵠沼橋を渡ると砂浜に沿って、茅ヶ崎・柳島海岸まで約8kmのサイクリングロードが延びている。シラス漁の船やサーファーで賑わう海を左に見ながら30分ほど歩くと**❷辻堂海岸**《つじどうかいがん》だ。国道134号をはさんで右側に**❸県立辻堂海浜公園**《けんりつつじどうかいひんこうえん》が広がっている。広い芝生広場や散策路、花の庭、カフェなどがあるバリアフリーの園内は休憩にも最適だ。海と江の島が一望できる展望スポット「しょうなんの森」は国道134号のトンネ

海岸沿いの道はサイクリング道路として整備されており、潮風を浴びながら駆け抜けるサイクリストが多い

COLUMN

県立湘南海岸公園

片瀬海岸から鵠沼海岸まで2kmに渡って広がる海岸公園。海風のテラス、芝生広場、ビーチバレーコート、シャワーやカフェテリア併設のサーフビレッジ、新江ノ島水族館など、ビーチを楽しむ施設が点在する。海の魅力が満載だ。

サブコース

*ここでは柳島海岸まで歩くコースを紹介したが、サザンビーチちがさきの手前で茅ヶ崎駅をめざし、雄三通り、高砂通り、サザン通りなどを歩きながら、茅ヶ崎らしいまちの雰囲気を楽しむのも一案。高砂通り沿いには緑豊かな高砂緑地、茅ヶ崎美術館などもある。

ヒント

*全長約10km、ひたすら海沿いのロングウォークだが、途中の立ち寄りスポットとして、江の島、新江ノ島水族館、辻堂海浜公園などを予定しておくと変化のあるプランを楽しめる。とくに、昼食を中間地点の辻堂海浜公園にセットすると、トイレ休憩なども安心だ。

DATA サーフビレッジ　8時30分〜17時30分(7・8月は〜18時30分)、7・8月を除く第1・3月曜(祝日の場合は直後の平日)・年末年始休。☎0466-34-9912

上：T字型突堤のヘッドランドと約1kmのボードウォークは散歩やジョギングの人たちで賑わう
右：サイクリングロードの車止めはえぼし岩を象っている

右：辻堂海浜公園の約2haの広々とした芝生広場。園路も緩やかなスロープでバリアフリーが行き届いている

左：茅ケ崎市に入ると海を眺めるデッキが続いている。目の前に広がる海の大きさを堪能しよう

ルの上を通り、海岸とつながっている。海の展望を楽しみながら砂浜の道へ戻ろう。

江の島の島影が小さくなり、沖合にえぼし岩が見える頃、茅ヶ崎の海が近づいてくる。高さ約12・4mのえぼし岩は姥島《うばじま》と呼ばれる岩礁帯で、茅ヶ崎の海のシンボルでもある。茅ヶ崎漁港からは定期就航の周遊船も出ており、釣り客にも人気が高い。えぼし岩に近い海岸には、砂の流出を防ぐための人工の岬、T字型の❹**ヘッドランド**が設けられており、近くの浜にはボードウォークにつながる開放的なウッドデッキが広がっている。潮風に包まれ、雄大な相模湾の景観の中でくつろぐには最高の場所だ。ひととき休息をしていこう。ここから30分ほど歩いて❺**サザンビーチちがさき**へ到着。ビーチの東の一角には茅ヶ崎の頭文字のCを象ったサザンビーチモニュメントが見える。茅ヶ崎漁港を左に見ながら西へ進むと❻**柳島海岸**《やなぎしまかいがん》だ。

キャンプ場手前を道なりに右手に進み、134号線へ。歩道橋を渡り、500mほど北の浜見平団地バス停から茅ヶ崎駅へ向かおう。

藤沢市
羽鳥
湘南高
本町
鵠沼神明
大船駅へ
JR東海道本線
湘南モールフィル
藤沢駅
鵠沼小前
藤沢署
小田急江ノ島線
湘南新道
石上駅
辻堂元町
30
本鵠沼駅
本鵠沼
浜見山
引地川
柳小路駅
江ノ島電鉄
湘南工科大
鵠沼桜が岡
見る
食べる
鵠沼海岸駅
鵠沼駅
辻堂東海岸
鵠沼海岸
鵠沼松が岡
松波
467
30分
鵠沼海浜公園
WC
サーフビレッジ
20分
湘南海岸公園駅
江ノ島駅
県立湘南海岸公園
見る
食べる
買う
新江ノ島水族館
スタート
弁天橋
片瀬江ノ島駅
藤沢市観光センター
片瀬漁港
江ノ島大橋
江の島
立湘南海岸公園は片瀬
岸に沿って約2kmにわ
って続き、園内には芝
広場やテラスなどの施
も
片瀬漁港では毎月第3土・日曜にフィッシャーマンズマルシェを開催。9~18時。なくなり次第終了なので要注意

DATA　新江ノ島水族館　9～17時（12～2月は10～17時）、夏休み・年末年始・イベントなどにより時間の変更あり、無休、2500円。☎0466-29-9960

みちくさ

見る 食べる 県立辻堂海浜公園《けんりつつじどうかいひんこうえん》

辻堂海岸から200mほどで入園ができる。園内には、子どもに人気の交通公園、夏のみオープンのジャンボプールのほか、芝生広場、花の庭などが点在し、ユニバーサルデザインで整備された園内はバリアフリーも充実しており、まさに子どもから大人までみんなが楽しめる公園。カフェテリアもある。

みちくさ

見る 食べる 買う 新江ノ島水族館《しんえのしますいぞくかん》

相模湾と江の島がすぐ目の前という立地を生かしたダイナミックなイルカショーやマイワシの大群が泳ぐ相模湾大水槽、幻想的なクラゲファンタジーホールなどが人気の水族館。「えのすい」でしか見られないシラスの繁殖展示やクラゲの成長記録を知るコーナー、ウミガメの浜辺などもぜひのぞいてみたい。

片瀬西浜～柳島海岸
新湘南バイパス
茅ヶ崎市
室田
菱沼
404
北茅ヶ崎駅
茅ヶ崎高
テラスモール湘南
辻堂駅
駅南口
本村
1
茅ヶ崎署
矢畑
JR相模線
茅ヶ崎駅前
茅ヶ崎市役所
茅ヶ崎西IC
平塚駅へ
浜竹
浜竹
茶屋町
十間坂
茅ヶ崎駅
松浪
辻堂
東海岸北
松が丘
東海岸北5
団地北口
浜見平
会館前
平和町
東浜須賀
辻堂公園
辻堂団地
ゴール
浜見平団地バス停
サザン通り
高砂通り
雄三通り
ラチエン通り
一中通り
東海岸2
東海岸南
松が丘
汐見台公園
辻堂西海岸
茅ヶ崎GC
浜須賀
134
5分
南湖
15分
海水浴場前
茅ヶ崎公園
菱沼海岸
南湖入口
30分
30分
55分
WC
2 辻堂海岸
茅ヶ崎海岸しおさいの森
3 県立辻堂海浜公
スマイルカフェ波波波
しおさいの森
柳島キャンプ場
茅ヶ崎漁港
平島
6 柳島海岸
5 サザンビーチちがさき
4 ヘッドランド
6月と10月の年2回、「さかなの市」が開かれる茅ヶ崎漁港。えぼし岩周遊船もここから出港
相模湾
姥島（烏帽子岩）
国道134号線のトンネルの上は辻堂海浜公園の「しょうなんの森」。海への往来も楽にできる
N
0
1km
ハイキングコースの途中には、トイレも整備されているので安心
通称えぼし岩。茅ヶ崎漁港から「えぼし岩周遊船」が出ている。1周約40分
カフェテリアでは軽食、ドリンクなどがオーダーできる。10時30分～17時、月・木曜休

DATA 県立辻堂海浜公園 ☎0466-34-0011／スマイルカフェ波波波 10～16時、火曜・年末年始休（プール営業期間中は無休）。☎0466-33-3688

21 海

茅ヶ崎市

高砂緑地から茅ヶ崎海岸へ

花と緑の庭園、ゆかりの作家旧宅をめぐり、湘南の風を満喫する茅ヶ崎散策

上：サザンビーチモニュメントの「茅ヶ崎サザンC」。切れ目に立つと丸くなることから縁結び、思いやりの輪として人気
右：茅ヶ崎公園野球場前の歩道橋から眺める134号線。写真前方に晴れた日には富士山も眺められる
左：浜辺から菱沼海岸交差点へ向かう道から振り返ると、真正面にえぼし岩がよく見える

アクセス

行き 東京駅からJR東海道線で約54分の茅ヶ崎駅下車。
帰り 往路を戻る。

問合せ先

茅ヶ崎市経済部産業振興課 ☎0467-82-1111
茅ヶ崎市観光協会☎0467-84-0377

歩行時間 約2時間
歩行距離 約7km
歩数 約15000歩

スタート 茅ヶ崎駅
⇐ 徒歩8分
❶ 高砂緑地
⇐ 徒歩25分
❷ サザンビーチちがさき
⇐ 徒歩30分
❸ 茅ヶ崎海岸しおさいの森
⇐ 徒歩8分
❹ 開高健記念館
⇐ 徒歩1分
❺ 茅ヶ崎ゆかりの人物館
⇐ 徒歩20分
❻ 氷室椿庭園
⇐ 徒歩25分
ゴール 茅ヶ崎駅

21

高砂緑地から茅ヶ崎海岸へ

海岸に面したしおさいの森には散策路がある

前方にヘッドランド、背後にはしおさいの森が広がるボードウォークは、散策やジョギングの休憩地に最適だ

高砂緑地の回遊式日本庭園は市内随一のウメの名所。駅にも近く、訪れる人も多い

高砂緑地内にある茅ヶ崎市美術館。展覧会のほかに、講座やイベントも開かれる

茅ヶ崎駅南口から高砂通りを南へ歩こう。市立図書館を過ぎると、左手に❶**高砂緑地**《たかすなりょくち》が見えてくる。明治の新派俳優・川上音二郎がかつて別荘を構えた場所に、茅ヶ崎市が日本庭園の風情をたたえる緑地として開園したもの。緑地の一角には茶室の松籟庵《しゅうらいあん》、高台には茅ヶ崎市美術館があり、これらを取り巻くように散策を楽しめる築山や松林が広がる。

高砂通りと鉄砲通りとの交差点を直進し、幼稚園手前を右折。住宅街からサザン通りへ出てまっすぐ南進し、国道134号線下の地下道を抜けると目の前に広々とした相模湾が現れる。浜の西側は茅ヶ崎漁港、東側は人気の海水浴場、❷**サザンビーチちがさき**だ。浜の一角にある市名の頭文字をかたどった「茅ヶ崎サザンC」は縁結びスポットとして若者たちにも人気が高い。

浜辺に1㎞にわたって続くボードウォークを江の島方面へ歩こう。この先には、海岸侵食を防ぐために作られたT字型突堤のヘッドランドや展望デッキ、国道との間に広がる砂防林には、散策路や休憩広場もある❸**茅ヶ崎**《ちがさき》**海岸**《かいがん》**しおさいの森**《もり》が整備されている。沖合正面には「えぼし岩」の名で知られる姥島《うばじま》が見える。海の景観を楽しんだ後は、菱沼海岸交差点からラチエン通りへ入り、❹**開高健記念**《かいこうたけしきねん》**館**《かん》を訪ねよう。芥川賞作家・開高健が暮らした邸宅が、隣接の❺**茅ヶ崎**《ちがさき》**ゆかりの人物館**《じんぶつかん》とともに、週末を中心に一般公開されている。

第一中学校、東海岸小学校わきを通過し、❻**氷室椿庭園**《ひむろつばきていえん》に立ち寄ろう。ここでは、3月になると200種を超えるツバキが見頃となり、見事な景色を見せてくれる。帰りは、雄三通りを経て、茅ヶ崎駅へ戻ろう。

開高健記念館前には作家の言葉が刻まれた石碑が立つ

サブコース

＊「茅ヶ崎海岸しおさいの森」を後に、浜辺に平行して延びるサイクリングロードを江の島方面へ歩くと、相模湾を右に眺めながら爽快な浜辺散策が楽しめる。途中、海浜自然生態園、辻堂海浜公園などもあり、海浜植物や四季の花々も楽しめる。休憩地としても最適だ。

ヒント

＊ウメの名所として知られる高砂緑地、ツバキやマツ、バラなどが植えられている氷室椿庭園など、コース内には花の名所も多いため、季節を選んだ花散策もおすすめ。高砂緑地のウメは2月中旬〜3月上旬、氷室椿庭園のツバキは2月下旬〜3月下旬が見頃である。

DATA 松籟庵庭園(高砂緑地内)　9〜17時、月曜休(祝日の場合は翌日)、無料／茅ヶ崎市美術館　10〜17時、月曜(祝日の場合は翌日)・年末年始休。収蔵作品展200円、企画展料金は展示により異なる。☎0467-88-1177

市民から寄贈された氷室椿庭園。200品種に及ぶツバキをはじめ、1300本もの庭木が植えられ、多くの人を楽しませている

開高健の旧宅には、原稿や愛用の品々が在りし日のままに展示されている。開高文学の足跡にふれられる貴重な場所である

茅ヶ崎ゆかりの人物館では、市にゆかりの人々に焦点を当てた企画展示を楽しめる

芥川賞作家・開高健の旧宅が記念館として週末の3日間と祝日に開館している

高砂緑地～茅ヶ崎海岸
スタート&ゴール
茅ヶ崎駅
JR相模線
JR東海道本線
辻堂駅へ
十間坂
新栄町
十間坂(一)
茅ヶ崎小
茅ヶ崎市
共恵(一)
共恵(二)
平塚駅へ
茅ヶ崎徳洲会病院
東海岸北(四)
東海岸北(三)
東海岸北(二)
東海岸北(五)
東海岸北5
8分
25分
茅ヶ崎海岸局
松林の中に立つ小さな美術館
市立図書館
中海岸(一)
茅ヶ崎市美術館
1 高砂緑地
松籟庵
東海岸会館前
鉄砲通り
ここで登録されたツバキの品種も多い。見頃は2月下旬～3月下旬
氷室椿庭園では静かに散策が楽しめる
高砂通り
サザン通り
中海岸(二)
中海岸(四)
東海岸
東海岸南(一)
東海岸南(二)
東海岸南(三)
東海岸南(四)
東海岸南(五)
東海岸南(六)
雄三通り
一中通り
ラチエン通り
菱沼海岸
6 氷室椿庭園
5 茅ヶ崎ゆかりの人物館
4 開高健記念館
小津安二郎監督が好んだ宿。国の登録有形文化財
中海岸(三)
茅ヶ崎館
茅ヶ崎公園野球場
茅ヶ崎公園
国木田独歩追憶碑
134号線をくぐってサザンビーチへ
サザンビーチ入口
サザンビーチ
平塚へ
20分
第一中前
1分
開高健記念館
東海岸小
第一中
8分
野球場前
茅ヶ崎駅南口入口
134
ヘッドランド入口
第一中学校入口
菱沼海岸
江の島へ
30分
2 サザンビーチちがさき
3 茅ヶ崎海岸しおさいの森
「日本初ロケット火薬実験の地」記念碑
相模湾
ヘッドランド
N
0
300m

AREA : Zushi / Hayama

29 ← 22

逗子・葉山エリア

はやま三ヶ岡山緑地から
江の島方面を眺望する

22 ハイキング

逗子市

久木大池公園から名越切通へ

富士見百景の地から大切岸や切通、やぐらなど中世の歴史遺構をつないで歩く

法性寺裏山に800m以上にわたって続くお猿畠の大切岸。鎌倉時代の石切り場の跡といわれている

アクセス

行き 東京駅からJR横須賀線で約1時間2分の逗子駅下車。

帰り 往路を戻る。

問合せ先

逗子市観光協会☎046-873-1111

スタート 逗子駅
↓ 徒歩10分
❶ 熊野神社
↓ 徒歩35分
❷ 久木大池公園
↓ 徒歩15分
❸ 鎌倉市子ども自然ふれあいの森
↓ 徒歩10分
❹ お猿畠の大切岸
↓ 徒歩10分
❺ 名越切通
↓ 徒歩20分
❻ 法性寺
↓ 徒歩25分
❼ 岩殿寺
↓ 徒歩20分
逗子駅 ゴール

歩行時間 約2時間25分

歩行距離 約8.5km

歩数 約17000歩

22 久木大池公園から名越切通へ

鎌倉と逗子の市境の富士見スポット。ここは「関東富士見百景」の一つ

鎌倉市子ども自然ふれあいの森。鎌倉屈指の眺望を誇るパノラマ台が近い

晩秋には深い谷に横たわる池の水面に映る鮮やかな紅葉が美しい

古墳時代の横穴式古墳も残る地元の総鎮守・熊野神社

久木大池公園から朝夷奈切通に続くやまなみルートはここから始まる

逗子駅東口を出て、横須賀線の線路を渡り、北東へ10分ほど歩くと、山の根地区の住宅街の奥に❶**熊野神社**《くまのじんじゃ》が見えてくる。山の根一帯には古墳時代の横穴墓が存在し、そのうち六穴が神社裏にあるという。石段を上り、緑深い境内の御社に参拝してから歩き始めよう。

住宅街を、久木トンネル、久木小学校、久木中学校などを目当てに、しばらく北に進んでいくと分かれ道にぶつかる。ここでは左側の道へ進み、少し先の水路沿いの細い遊歩道を進もう。5分ほどで❷**久木大池公園**《ひさぎおおいけこうえん》の南の入口へ。逗子ハイランドの住宅街の一角にありながら、深い緑に包まれた谷に池が広がり、池をめぐる散策路にも静寂が漂う。池を回り込むように急な階段を上ると、住宅街の歩きやすい舗装路に出る。その先右側のつつじが丘公園の先を左折して、サクラの街路樹が続く道を直進しよう。夕陽台公園バス停を過ぎ、突き当りの坂を上り切ると、「関東の富士見百景」に選ばれた絶景ポイントである。

富士山を正面に見て、右手は衣張山登山道、巡礼古道や報国寺(竹の寺)方面へ続き、左手は❸**鎌倉市子**《かまくらしこ》**ども自然**《しぜん》**ふれあいの森**《もり》から

COLUMN

三浦半島への要路・名越切通

三方を山に囲まれた中世の鎌倉で、外の地域との往来のために整備されたのが七つの「切通」である。「鎌倉七口」と呼ばれ、その一つが名越切通。三浦方面への要路として鎌倉市と逗子市の境界に今も古道の佇まいを残している。

法性寺山門に懸けられた扁額の左右に白猿の姿。法難から逃れる日蓮を白猿がこの地へ導いたと言い伝えられる

サブコース

＊名越切通へは鎌倉側と逗子側から複数の入口がある。本文で紹介したコース以外に、逗子側では緑が丘バス停から小坪階段口、亀が岡団地バス停から亀が岡団地口、鎌倉側では長勝寺バス停から大町口をそれぞれ上る。鎌倉の報国寺方面から衣張山経由のコースもある。

ヒント

＊春はサクラの逗子ハイランド、秋は紅葉の久木大池公園と季節を変えて訪れるのもおすすめ。春には富士山とサクラ、鎌倉の山が一望できる富士見スポットもある。鎌倉駅方面からはバスで金沢街道の明石橋バス停で降り、桜並木が始まるハイランドへの坂を上ろう。

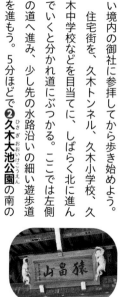

大切岸の上に広がる平場は防御のための仕掛けだったという

岩殿寺山門。裏山に上ると広々とした逗子市街と逗子海岸が眺望できる

現在の名越トンネルの上に今も残る古道、名越切通。最も狭いところは幅1mにも満たない

名越方面への道となる。ここでは名越方面へ向かおう。少し進むと、展望広場やパノラマ台への道が分かれており、いずれも晴れた日には、富士山や箱根、伊豆、丹沢などの眺望を楽しむことができる。

名越切通、法性寺方面を指す標識にしたがって細い山道を進んでいくと、❹**お猿畠《さるばたけ》の大切岸《おおきりぎし》**と呼ばれる鎌倉石の石切り場の跡にさしかかる。法性寺境内裏手の山腹に3～10mの高さで段状に切り立った断崖が800mにわたって続いており、鎌倉時代の遺構として壮大な規模を誇る。山道をさらに南へ進むと❺**名越切通《なごえきりどおし》**へと続く。三浦半島と鎌倉を結ぶ要路として、13世紀に整備されたという。切通の途中には150ものやぐらが確認されているまんだら堂やぐら群（期間限定で公開）も見られる。日蓮上人が白い猿の導きで難を逃れた岩窟の地に建立されたと伝えられる❻**法性寺《ほっしょうじ》**、頼朝や実朝が篤く信仰したといわる❼**岩殿寺《がんでんじ》**など逗子市の古刹も参拝していきたい。岩殿寺は坂東三十三観音の第二番札所でもある。岩殿寺から逗子駅までは徒歩20分の道のりである。

みちくさ

買う 食べる とうふ工房とちぎや

とうふこうぼうとちぎや

生産者の顔が見える在来種の大豆やにがり、昔ながらの木箱を用いた手作り豆腐にこだわる創業90年の豆腐店。大豆本来の甘みを味わえる木綿や絹ごし豆腐、国産の生姜がたっぷり入ったがんもはおみやげにも。豆乳で作るプリンや豆乳ソフトはイートインも。9時～18時30分、水曜休。☎046-873-1112

COLUMN

大切岸、切通、やぐらが集中

中世の鎌倉七口の一つとして掘削された名越切通は、三浦半島と鎌倉を結ぶ要路とされた古道で、周辺には外敵の侵攻から守る防御拠点として平場、切岸など人工的な仕掛けが施され、今もよく保存されている。まんだら堂やぐら群周辺には150穴ものやぐらが確認され、期間限定で公開されている。

DATA まんだら堂やぐら群　遺構の保存管理のため、毎年春・秋に期間限定公開をしている。逗子市教育委員会☎046-873-1111

久木大池公園〜名越切通
N
0
200m
ハイランド坂下
浄明寺(五)
大町(八)
衣張山
120
逗子ハイランドの閑静な
住宅街を西に向かって歩く。
春はサクラ並木が美しい
浄明寺(六)
鎌倉市
東泉水
東泉水
「関東の富士見百景」の案内板
15分
夕陽台公園
かまくら幼稚園
断崖上の大切岸の
平場から下の道を
見る
坂上
3 鎌倉市子ども自然ふれあいの森
2 久木大池公園
大町(七)
逗子ハイランド
久木(八)
10分
逗子ハイランド局
西友ストアー前
4 お猿畠の大切岸
35分
10分
92
池子の森自然公園
鎌倉駅へ
ハイランド
まんだら堂
やぐら群
法性寺
坂東三十三観
音第二番札所
の岩殿寺。百
段を超える石
段の先に見事
な眺望が待っ
ている
久木(七)
久木(九)
5 名越切通
20分
緑ヶ丘入口
名越切通では、鎌倉幕府
防衛のために開削された
大小3ヶ所の切通路が
迫力の景観を見せる
6 法性寺
法性寺
久木中
久木ハイランド入口
久木5
7 岩殿寺
逗子市
久木新道
久木(五)
久木(二)
25分
311
法性寺山門は衣張山ハイ
キングコースの逗子側の
入口。このあと急坂が続
くため健脚向き
久木小
聖和学院中・高
久木東小路
山の根(二)
久木(三)
久木(四)
披露山入口
とうふ工房とちぎや
小坪入口
山の根(一)
1 熊野神社
久木西小路
JR横須賀線
20分
新宿(四)
スタート&ゴール
10分
鎌倉子ども自然ふれあいの森へ
新宿
205
逗子駅
逗子(二)
東逗子駅へ
4 お猿畠の大切岸
なぎさ通り
JR逗子駅
大町口
10分
名越トンネル
池田通り
92
逗子(七)
池田通り
第3切通
まんだら堂
やぐら群
逗子市役所
法性寺口
第2切通
法性寺
5 名越切通
逗子開成中・高
逗子局
郵便局
逗子・葉山駅
第1切通
JR横須賀線
134
逗子(六)
亀が岡団地口
逗子・葉山駅

23 史跡

逗子市

田越川から桜山古墳の丘へ

心癒される川沿いの風物に足を留め、山あいに残る歴史の足跡をたどる

後方に見えるのが長柄桜山古墳第1号墳の後円部。携帯電話の基地局工事の整地の際に埴輪片が見つかったことがきっかけで、発掘調査が行われたという

アクセス

行き 東京駅からJR横須賀線で約1時間2分の逗子駅下車。

帰り 往路を戻る。

問合せ先

逗子市観光協会☎046-873-1111

京浜急行バス逗子営業所 ☎046-873-5511

スタート 逗子駅 ← 徒歩10分 ← ❶仲町橋 ← 徒歩20分 ← ❷旧脇村邸 ← 徒歩5分 ← ❸蘆花記念公園入口 ← 徒歩20分 ← ❹第2号墳 ← 徒歩10分 ← ❺第1号墳 ← 徒歩30分 ← ❻六代御前の墓 ← 徒歩20分 ← ゴール 逗子駅

歩行時間 約1時間55分

歩行距離 約5.5km

歩数 約11000歩

蘆花記念公園の入口からつづら折れの道を上がって行くと旧逗子市郷土資料館へ

旧逗子市郷土資料館の裏にある別棟の裏側から古墳の丘への道が始まる

昭和の風情を残す旧脇村邸は和洋折衷の近代数寄屋建築

田越川にかかる朱塗りの仲町橋と桜咲く風景。春は一層の華やかさを添えてくれる

逗子駅東口から八幡通りへ向かうと亀岡八幡宮の森が見える。駅前の喧騒とは対照的に、緑に包まれた境内は心を落ち着かせてくれる。まずは参拝をしてから歩き始めよう。八幡通りから清水橋を渡って田越川沿いを南へ向かう。市街地を流れる川だが、川にかかる橋とサクラやマツ、フジなどの木々が調和のある景観を作り出している。透明度の高い川にはコイが泳ぎ、カワセミやアオサギも飛来するという。川面に見とれながら歩くうちに朱塗りの❶**仲町橋**《なかちょうばし》が見えてくる。サクラの季節には花と朱色の橋の風情がさらにいい。

海岸を目前にして田越川の川幅が広くなる。富士見橋バス停の先を左折すると、蘆花記念公園の一角に見えるのが❸**旧脇村邸**《きゅうわきむらてい》だ。明治以降、別荘地として多くの政財界人や文人に好まれた逗子に今も残る貴重な別荘建築であり、和洋を取り入れた建築様式が昭和初期の流行をよく現している。

いったん門から出て、❹**蘆花記念公園入口**《ろかきねんこうえんいりぐち》へ。徳富蘆花ゆかりの桜山に広がる公園は豊かな緑に包まれ、園内には旧逗子市郷土資料館（閉館）の建物もある。大正初期の建築で、

COLUMN

生きものの姿も多い田越川

山と海と川の3拍子が揃っているのが逗子の魅力。自然環境を守る市民の力も大きく、市街地を流れているにもかかわらず、田越川にはカワセミやサギ類など鳥や水辺の生きものの姿も多く、ゆったりと川べり散策も楽しめる。

逗子自然の回廊案内板には、古墳から円筒埴輪や壺形埴輪が出土した説明が書かれている

サブコース

＊長柄桜山古墳群へ行く道はいくつかある。1号墳から歩き始める場合は本コースの逆回りで。逗子駅から葉桜行きバスに乗り、終点で下車して葉桜団地側の入口から上る。葉山方面行きバスで長柄交差点バス停で降り、桜山トンネルわきを上ると2号墳にだどりつく。

ヒント

＊蘆花記念公園は徳富蘆花が山裾にあった旅館で4年間、執筆活動を行ったことにちなんで開園した公園で、旧逗子市郷土資料館（閉館）、研修施設、炭焼き場、旧脇村邸などが点在している。園内をめぐる散策路からの相模湾や富士山の眺望も必見だ。

DATA　蘆花記念公園　無料、無休。旧脇村邸、旧逗子市郷土資料館は外観のみ見学可能。☎046-873-1111

帰りは六代御前の墓の裏手の山道から戻ってくる

平家嫡流の悲劇を伝える六代御前の墓

墳丘の長さが約88mという第2号墳。第1号墳とともに県内最大級の前方後円墳だ

2号墳の上に立つと正面に逗子海岸や江の島方面が眺望できる場所があり、しばし休息も

逗子の海を見渡せるように造られた開放的な窓が特徴。徳川宗家の別邸としても使われた。

旧郷土資料館の裏手から急な山道を20分ほどかけて上って行くと、逗子市と葉山町の境界の丘陵地帯に点在する長柄桜山古墳群の尾根にたどりつく。東西に500mほどの間隔をあけて2基の前方後円墳が並んでおり、いずれも4世紀中期から後半にかけて築造され、現存する遺構としては県内最大級という。

逗子側から最初に出合うのは❺**第《だい》2号墳《ごうふん》**で、前方部から後円部へ進み、尾根道を進んで行くとやがて❻**第《だい》1号墳《ごうふん》**である。1号墳の墳丘部への立ち入りはできないが、1号墳と2号墳をつなぐ道は「ふれあいロード」と呼ばれ、ハイキングコースとして整備されており、古墳見学には歩きやすい道のりである。

帰路は2号墳から山道を下り、❷**六代御前《ろくだいごぜん》の墓《はか》**へ立ち寄ろう。平家最後の嫡流である平高清（六代御前）は、この地で処刑された悲劇の人として平家物語にも登場する。例年、墓前で六代御前供養祭が行われるという。バス通りに出て、海を背に川沿いを歩くと、逗子駅までおよそ20分の道のりだ。

COLUMN

古代の風を感じる古墳歩き

平成11年（1999）に地元の考古学愛好家が埴輪の破片を採集したことが発見につながったといわれる長柄桜山古墳群の2基の古墳。ともに全長約91m前後ある前方後円墳で規模の大きさと保存状態の良さが貴重とされ、国の史跡に指定されている。ヤマト王権につながる古代人の暮らしを思いつつ歩いてみたい。

第1号墳の墳丘の長さは約91m。周囲をめぐって大きさを感じてみよう

みちくさ

買う 小坪のアカモク《こつぼのあかもく》

ミネラルや食物繊維など優れた栄養分を含むアカモクは海のスーパーフード。春先が旬の生アカモクはなかなか手に入らないが、逗子・小坪産のアカモクは乾燥タイプや出汁、塩などの商品化もされておみやげに喜ばれている。スズキヤ逗子駅前店や小坪方面への道中にあるにんじん屋などで手に入る。

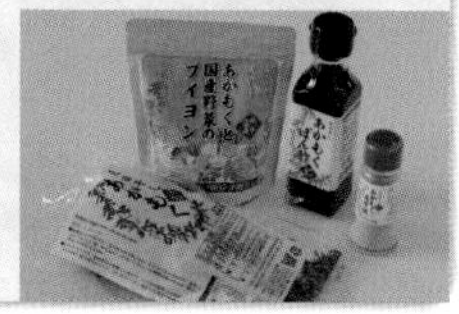

みちくさ

見る 旧脇村邸《きゅうわきむらてい》

明治以降、風光明媚な逗子の海岸地域は別荘地として注目され、多くの名士が移り住んだ。蘆花記念公園内の旧脇村邸、旧逗子市郷土資料館（徳川家別荘）など近代和風建築や庭園がかつての名残を今に伝えている。いずれも園内散策の折りに庭園、外観を鑑賞できる。旧脇村邸は国の登録有形文化財である。

DATA スズキヤ逗子駅前店　9～23時、無休。☎046-871-3315／TAC21自然食の店 にんじん屋　9～19時、日曜・祝日休。☎046-872-4811

24 海・公園

逗子市

逗子海岸から披露山、小坪へ

あふれる陽光を感じながら逗子のなぎさと眺望絶佳な景勝の丘をめぐる

標高約92mの披露山公園は三浦半島や相模湾が一望できる景勝の地。もう一つの景勝地・大崎公園と併せてめぐりたい

アクセス

行き 東京駅からJR横須賀線で約1時間2分の逗子駅下車。

帰り 飯島バス停から京急バス鎌倉駅行きで約13分の終点下車。JR横須賀線に乗り換えて約53分の東京駅下車。

問合せ先

逗子市観光協会☎046-873-1111

京浜急行バス逗子営業所 ☎046-873-5511

スタート 逗子駅
⇐ 徒歩15分
❶ 逗子海岸
⇐ 徒歩20分
❷ 高養寺（浪子不動）
⇐ 徒歩20分
❸ 披露山公園
⇐ 徒歩15分
❹ 大崎公園
⇐ 徒歩20分
❺ 小坪漁港
⇐ 徒歩5分
❻ リビエラ逗子マリーナ
⇐ 徒歩18分
ゴール 飯島バス停

歩行時間 約1時間50分

歩行距離 約6km

歩数 約12000歩

24

逗子海岸から披露山、小坪へ

浪子不動園地にはベンチがあり、海を眺めながら休憩も

高養寺脇から浪子不動ハイキングルートへ。のんびり山道を上ろう

浪子不動の名で親しまれている高養寺は海を正面にした寺

東西800mにわたってきれいな砂浜が続く逗子海岸。海岸清掃が行き届いて気持ちがいい

逗子駅を降りたら逗子銀座商店街、池田通りを経て逗子海岸入口信号で右折すると海への一本道である。古風な石造りの東郷橋をまっすぐ進み、国道１３４号をくぐると、❶**逗子海岸**《ずしかいがん》の中央部に出る。遠浅で波穏やかな海を目の前に、砂の感触を楽しみながら、のんびり西へ歩いていこう。冬の晴れた日に逗子海岸の正面に見える江の島、その背後に浮かび上がる富士山の眺めはここだけの素晴らしさ。夕日スポットとしても人気だ。

浜の西端で国道１３４号をくぐり、国道沿いのレストランや売店、駐車場を右手に見ながら進むと❷**高養寺**《こうようじ》**（浪子不動**《なみこふどう》**）**が右側に見えてくる。明治の文豪、徳富蘆花の小説『不如帰』の舞台となり、主人公の名前にちなんで浪子不動とも呼ばれる寺だ。寺の目の前の海面から『不如帰』の碑が突き出ており、潮が引くと辺りには磯が現れ、磯遊びも楽しめる。寺の前に広がる浪子不動園地には海に向かってベンチも設置されているので、しばし小休止していくといいだろう。

高養寺西側に披露山公園への上り口がある。標高約92mの山頂まで樹林に囲まれた緩

COLUMN

逗子の風光が生んだ名作

田越川沿いにあった旅館「柳屋」に滞在した徳富蘆花は『不如帰』（1898）を、泉鏡花は『婦系図』（1907）を発表。柳屋跡には「蘆花　国木田独歩ゆかりの地」碑、逗子海岸東端には石原慎太郎の「太陽の季節の碑」などが立つ。逗子で生まれた名作の足跡を各所で見ることができる。写真は海中に立つ不如帰の碑。

大崎公園には逗子ゆかりの小説家・泉鏡花のうさぎ型の歌碑がある。向かい干支のウサギを好んだ作家ならではの碑だ

サブコース

＊東郷橋を渡った後、国道134号の1本手前の道を左折。保養別荘地だった時代を伝えるクロマツと今は民家レンタルスペースになっている近代和風建築の建物を見ながら直進し、富士見橋手前から逗子海岸東端へ。「太陽の季節の碑」経由の浜歩きもおすすめしたい。

ヒント

＊市街地から海辺へ、海辺から山道へと変化に富んだ景観を楽しめるコース。なかでも披露山公園と大崎公園は相模湾や遠く富士山を眺める絶景の地。テーブルやベンチが設けられており、眺めを楽しみつつ昼食をとれる。前もって歩行時間の調整をしておこう。

大崎公園突端の見晴らし台から見る景色も見事。時間がたつのを忘れそうだ

上りつめると披露山公園。ここから逗子海岸をめざすハイカーも多い

披露山公園山頂には展望台があり、ニホンザルや水鳥などの小動物を飼育している

やかな山道は途中、振り返ると木立の間から海が見え、楽しい道のりだ。上りきったところに❸**披露山公園**《ひろやまこうえん》の園地が広がっている。逗子市街や江の島、相模湾、富士山などが一望できる景勝の地で、ニホンザルや水鳥などの小動物を見ることもできる。

披露山山頂から閑静な家並みが続く披露山庭園住宅地と国道１３４号のトンネル上の道を通過し、相模湾へ突き出した岬に広がる❹**大崎公園**《おおさきこうえん》へ向かおう。駐車場がない分、静かな公園だが、広々とした芝生広場と岬の先端からの相模湾の眺望は迫力満点だ。

大崎公園からは❺**小坪漁港**《こつぼぎょこう》をめざして、急な階段と坂道、家の建ち並ぶ狭く、曲がりくねった路地を抜けて下っていく。小ぢんまりした漁港だが、漁港の店には水揚げされたばかりの新鮮な魚介を求めて訪れる客も多い。少し足を延ばして、ヤシ並木が南国を思わせる❻**リビエラ逗子**《ずし》**マリーナ**を経由して小坪飯島公園へ向かおう。公園正面の磯は鎌倉時代の築港跡、和賀江嶋である。材木座の海を左に見ながら国道１３４号をくぐり、飯島バス停で鎌倉駅行きバスに乗ろう。

COLUMN

歩きたい「逗子自然の回廊」

遠浅の海、海に迫る緑豊かな山の頂き、市街を流れるのどかな田越川など、逗子の魅力を組み合わせて歩く散策路・ハイキングコースは「逗子自然の回廊ガイドマップ」に8コースが紹介されている。要所に道標や案内板も整備されており、歴史や史跡の由緒を学びながら歩けば楽しみがいっそうふくらむ。

海外リゾートのようなサンセットを味わえるリビエラ逗子マリーナ。沈みゆく太陽を眺めているとウォーキングの疲れも癒される

みちくさ

食べる リビエラ逗子マリーナ《りびえらずしまりーな》

ヤシ並木と海を目の前にしたレストランやカフェには開放的なテラス席が併設され、米西海岸にいるかのような心地よい雰囲気の中で飲食を楽しめる。湘南野菜や相模湾の魚介を使ったオーガニックメニューにこだわる「マリブファーム 逗子マリーナ」、サンドイッチやバーガーをカジュアルに楽しめる「ロンハーマン カフェ 逗子マリーナ店」はおすすめの立ち寄りスポット。

右・右下：マリブファーム 逗子マリーナと地元野菜のヘルシーサラダ
下：ロンハーマンカフェ 逗子マリーナ店店内

逗子海岸〜被露山、小坪
鎌倉駅へ
名越切通
法性寺
法性寺
九品寺前
材木座
補陀洛寺
緑ヶ丘入口
飯島バス停
ゴール
鎌倉市
光明寺
光明寺
マリブファーム
逗子マリーナ
食べる
ロンハーマン カフェ
逗子マリーナ店
6 リビエラ逗子マリーナ
18分
和賀江嶋
逗子ヘルスケア前
姥子台
小坪
小坪小
海前寺
小坪港前
リビエラ
逗子マリーナ
小坪海岸
5分
20分
諏訪神社
15分
20分
小坪漁港への細い階段を下っていく途中に諏訪神社の御社があるので、お参りをしていこう
3 披露山公園
4 大崎公園
5 小坪漁港
谷亀水産やまるき丸で活きのいい魚やシラスが手に入る
大崎
披露山庭園住宅地の気持ちよい道を海に向かって歩く
浪子不動園地
披露山ハイキングコースの途中で休憩するのに最適地。海の景観もいい
不如帰の碑
干潮時には『不如帰』の文字が刻まれた碑の周りでは磯遊びができる
相模湾
逗子海岸
ロードオアシス
2 高養寺
（浪子不動）
有料駐車場に海鮮料理の「まるわ食堂」とカフェの「808Cafe10R」が併設
葉山港
葉山マリーナ
1 逗子海岸
20分
15分
N
0 500m
久木(八)
久木(七)
岩殿寺
久木中
久木新道
久木(五)
逗子市
JR横須賀線
311
久木小
聖和学院中・高
久木(三)
小坪入口
山の根(一)
東逗子駅へ
スタート
逗子駅
新宿
新宿(三)
京急逗子線
亀岡八幡宮
池田通り
逗子市役所
逗子開成高・中
逗子・葉山駅
逗子・葉山駅
東郷橋
聖マリア小
田越橋
新宿(一)
田越川
134
桜山(八)
桜山7
富士見橋
太陽の季節の碑
渚橋
蘆花記念公園
長柄桜山古墳群
切通し下
311
鐙摺
桜山(九)
長柄隧道
長柄
長柄交差点

DATA マリブファーム 逗子マリーナ　ランチ11〜15時、カフェ15時〜16時30分、ディナー17〜20時、火曜休。☎0467-23-0087／ロンハーマン カフェ 逗子マリーナ店　11〜19時（土日・祝日9〜19時）、火曜休。☎0467-23-2153

25 ハイキング

逗子市・横須賀市

神武寺から鷹取山へ

森に佇む古刹に参拝し、「湘南妙義」の奇岩風景と巨大磨崖仏に出合う

標高139mの鷹取山展望台から巨大磨崖仏を遠望する。晴れた日には、富士山から伊豆、箱根、房総半島などのパノラマを楽しむことができる

アクセス

行き 東京駅からJR横須賀線で約1時間8分の東逗子駅下車。

帰り 湘南たかとりセンターバス停から京急バス「湘南たかとり循環」で約7分の追浜駅下車。京急線に乗り、金沢文庫駅で快特に乗り換えて約40分の品川駅下車。

問合せ先

逗子市観光協会☎046-873-1111

追浜観光協会☎046-865-1111

京浜急行バス追浜営業所 ☎046-866-2311

スタート 東逗子駅

⇐ 徒歩6分

❶ 神武寺表参道入口

⇐ 徒歩16分

❷ 神武寺

⇐ 徒歩20分

❸ 鎖場

⇐ 徒歩15分

❹ 鷹取山展望台

⇐ 徒歩15分

❺ 磨崖仏

⇐ 徒歩10分

❻ 鷹取第一配水地

⇐ 徒歩5分

ゴール 湘南たかとりセンターバス停

歩行時間 約1時間30分

歩行距離 約2.5km

歩数 約5000歩

神武寺本堂前の樹齢400年、樹高20mのホルトの木の巨木。「なんじゃもんじゃ」とも呼ばれる

逗子八景の一つ、「神武寺の晩鐘」で知られる鐘楼

神武寺の表参道入口は鷹取山ハイキングコースのスタート地点でもある

神武寺へ向かう岩が露出した登り坂。スギ林に囲まれ、森閑とした道が続く

東逗子駅から踏切を渡り、そのまま直進すると、ほどなく右手に❶**神武寺《じんむじ》表参道入口《おもてさんどういりぐち》**が見えてくる。寺名を刻んだ石柱のわきには、「神武寺・鷹取山登山口」の標識が立つ。参道は雑木林に囲まれた山道となり、足元にはむき出しになった岩肌が凸凹と続く。上りつめたあたりで神武寺駅からの裏参道と合流し、間もなく❷**神武寺《じんむじ》**境内に出る。

神武寺は奈良時代に僧行基により創建され、鎌倉時代には源氏の信仰も篤かったといわれる古刹である。木々の緑が深く、森閑とした寺域は、山岳信仰の霊場だった佇まいを今に伝える。「神武寺の晩鐘」として逗子八景にも数えられる鐘楼をめざして石段を上がり、その先の赤い楼門、本堂の薬師堂《やくしどう》へと進もう。境内には、樹齢400年と推定される「ホルトの木」の巨木が空を覆っている。

参拝後、境内の左手から道標にしたがって、鷹取山ハイキング道へ向かう。石段に続く石畳の急坂を上り、菱形の石碑が立つ奥の院跡から尾根道へ上がり、巨石の間を抜けると、右手眼下に横浜横須賀道路、遠くに東京湾を眺望する場所へさしかかる。短い距離だ

神武寺の寺域には豊かな自然林が残されており、「かながわの美林50選」に選ばれている

COLUMN

日陰の岩肌に生育する岩隙植物群落《がんげきしょくぶつぐんらく》

海底から隆起した堆積岩で形成されている神武寺一帯の山地は岩場が多く、渓谷の斜面や切通の切り立った岩肌が露出した日陰では、岩隙からにじみ出るわずかな水分でシダ類やイワタバコが多数自生している。これらは希少な岩隙植物群落として逗子市の天然記念物に指定されている。

サブコース

＊神武寺へ向かうには、表参道の他に、京浜急行の神武寺駅から逗子中学校前を通る池子参道、法勝寺の手前から上り、神武寺まで舗装路を歩くことができる沼間参道の3つのルートがある。それぞれ趣がある道なので、途中の立ち寄りプランに合わせて自由に選ぼう。

ヒント

＊手軽なハイキングコースではあるが、鷹取山山頂の手前は、かなり険しい崖が続き、足元も岩がむき出しになっているので滑りやすい。鎖場では十分に注意して歩きたい。山頂付近に出ると、休憩したり、お弁当を広げられる草地もあるので、一息つくことができる。

石材を採取した石切場跡には迷路のようになったところが各所に見られる

鷹取山山頂の下には広場があり、周囲の景観を楽しみながらのんびり休憩するのに最適

鷹取山手前の鎖場付近では眼下に横浜横須賀道路、遠くに東京湾も見渡せる

小さい鎖場だが、岩がむき出しになっているので、滑らないように十分注意して歩こう

が、この先は滑りやすい❸**鎖場**《くさりば》が続くので、注意深く進もう。鷹取山山頂広場へたどりつくと、クライミングの練習に使われてきた、無数のハーケン跡が残る岩壁が垂直にそそり立つ。凝灰岩からなるこの山の地質は、軟らかく加工しやすいため、昭和初期まで建築用の土木資材として、採取されていたという。

階段で岩山の上へ上がると❹**鷹取山展望台**《たかとりやまてんぼうだい》がある。標高139mの展望台からは三浦半島の山並みと東京湾、相模湾など360度の絶景が楽しめる。再び広場へ下りて、石切場跡の岩壁を縫うように進むと東屋やベンチが整備された公園園地へたどりつく。一休みして、展望台から顔が見えていた巨大な❺**磨崖**《まがい》**仏**《ぶつ》をめざそう。公園を出て、石切り場跡が続く山道を10分ほど進んでいくと、横須賀在住の彫刻家が制作したという高さ8mの弥勒菩薩が柔和な笑みを湛えて迎えてくれる。巨大な御仏にまみえた後、岩壁の間を抜けて❻**鷹**《たか》**取第一配水池**《とりだいいちはいすいち》を回り込むと、急な階段を下り、鷹取山入口に出る。

帰りは、鷹取台郵便局前の湘南たかとりセンターバス停から追浜駅へ向かおう。

COLUMN

石材採取が造った鷹取山の奇峰

鷹取山の凝灰岩は加工のしやすさから、明治中期から建築用の石材として盛んに切り出されたが、関東大震災以後は輸送のための鷹取川が利用できず、次第に衰退。石切り場跡の景観は、今では観光資源の一つになっている。

軟らかい凝灰岩に彫られた巨大な磨崖仏は高さ8m、像幅4.5mの弥勒菩薩像。昭和35年から約1年かけて制作されたという

みちくさ

買う 食べる こみゅに亭カフェ《こみゅにていかふぇ》

商店街の空き店舗を使って醸造した商店街ワインとして話題の「ヴェルニーワイン」や手作り品、産地直送の新鮮野菜などを販売する追浜駅近くのコミュニティカフェ。散策後の買い物、休憩にもおすすめ。ワインは隣接のワイナリーで醸造。10〜16時、木・土・日曜休（祝日営業）。☎046-865-2625

みちくさ

見る 貝山緑地《かいやまりょくち》

追浜の工場地帯の中に位置する緑豊かな丘。「海軍航空発祥の地」「予科練誕生之地」など、旧海軍関係の碑が立ち、日本の海軍航空の歴史を偲ぶことができる。頂上の展望台からは横須賀港へ出入りする艦船を見ることができる。サクラやアンズの開花期には花見も楽しめる散策スポット。☎046-865-1111

26 ハイキング

逗子市・葉山町

東逗子から上二子山へ

眺望のよい山の頂から緑豊かな公園へ、野鳥のさえずりに誘われて歩く

上二子山山頂でしばし眺望を楽しもう。展望台の周りではのんびりお弁当を広げる人たちも多い

アクセス

行き 東京駅からJR横須賀線で約1時間8分の東逗子駅下車。

帰り 往路を戻る。

問合せ先

逗子市観光協会☎046-873-1111

スタート 東逗子駅
↓ 徒歩10分
❶ 二子山ハイキングコース入口
↓ 徒歩45分
❷ 馬頭観音
↓ 徒歩45分
❸ 上二子山
↓ 徒歩15分
❹ 南郷上ノ山公園
↓ 徒歩30分
❺ 桜山中央公園
↓ 徒歩10分
❻ 台山緑地
↓ 徒歩10分
ゴール 東逗子駅

歩行時間
約2時間40分

歩行距離
約9km

歩　数
約17000歩

26 東逗子から上二子山へ

展望台の前に広がる円形のくぼ地は戦時中の砲台跡という

馬頭観音で折り返して杉林の中を歩き、二子山方面をめざす。足元に注意しよう

沼間小学校の先に立つ道標がハイキングスタート地点

逗子から横須賀の田浦へ抜ける山道に佇む馬頭観音

東逗子駅前に設置された案内板にしたがって沼間小学校方面へ向かおう。小学校の校庭を回り込むように進むと❶**二子山《ふたごやま》ハイキングコース入口《いりぐち》**だ。案内板にしたがって左折すると間もなく、右手方向に二子山方面へ向かう山道が始まる。

木々に覆われた山道は、ところどころむき出しになった木の根や倒木があるものの、緩やかな上りで気持ちよく歩きができる。途中、左手の住宅街へ分ける道を過ぎ、道標にしたがって二子山方面へ進むと、ハイキングコース入口から35分ほどで馬頭観音、田浦方面、二子山方面の分岐にたどりつく。分岐から10分ほどで❷**馬頭観音《ばとうかんのん》**だ。この観音像は江戸時代から昭和初期にかけて横須賀の田浦方面と逗子を結ぶこの山道を人々が盛んに往来していた時に、通行の安全と大切な馬を供養するために祀られたという。

山道にひっそりと立つ観音像に手を合わせてから来た道を戻り、二子山をめざそう。左手に森戸川の源流部の川音を聞きながら、東逗子駅方面の分岐点まで戻る。左の二子山方面へは、杉林を上り下りし、サクラの木がた

上二子山展望台から東には横浜方面、東京湾や房総半島などを展望することができる

COLUMN

二子山、森戸川上流は野鳥の宝庫

二子山や森戸川上流一帯は「かながわの探鳥地50選」の一つに選ばれており、さまざまな野鳥のさえずりを耳にするのもハイキングの楽しみ。サンコウチョウ、オオルリなどの貴重な繁殖地として鳥獣保護地域にもなっている。

サブコース

＊馬頭観音から足を延ばしてみよう。横須賀の田浦方面へはおよそ50分程度のハイキング。田浦梅林の入口から石段を上って行くと、その先は公園になっており、田浦青少年自然の家がある。園路に沿って上って行くと田浦梅林展望台で、梅林と東京湾の展望を楽しめる。

ヒント

＊本コースは、逗子市が推奨する「逗子・自然の回廊」の一つで、コース上は案内板も充実して初心者にも安心して歩けるコースとなっているが、イノシシ出没を知らせる看板もあり、山道では十分注意を。尾根が複雑に入り組んでいるところも多く、道迷いにも注意。

南郷上ノ山公園北側の散策路はかつて砲台へ向かう道だったため道幅は広く歩きやすい

右：南郷上ノ山公園手前の東屋がある広場
左:南郷上ノ山公園東側の木の階段を降りると広場に出る

くさんある道を通過する。このあたりは「サクラ沢」と呼ばれ、桜の季節には花見の楽しみもある。しばらく広くて緩やかな山道を進んでいくと、3方向への分岐点に案内板が立っている。左下り方面は森戸川林道、右下り方面は南郷上ノ山公園へと続く道だ。

前進してカーブの道を進み、大きなパラボラアンテナの左手前の階段を上ると、間もなく❸**上二子山**《かみふたごやま》に着く。休憩も兼ねて、標高約208mの上二子山山頂の眺望を楽しもう。展望台からは金沢八景や横浜ランドマークタワー、相模湾などがよく見える。

上二子山から来た道を戻り、先ほどの分岐を❹**南郷上**《なんごうかみ》**ノ山**《やま》**公園**《こうえん》へ。谷戸の畑を埋め立てて開設されたという公園は緑豊かな尾根にぐるりと囲まれ、かつての里山を思わせる景観が広がっている。芝生の丘や背後の尾根をめぐる散策路は春にはサクラが咲き、野鳥の姿も多く、訪れる人々の憩いの場でもある。

公園を後にして、舗装されたバス通りを南郷歩道橋まで下り、サクラ名所の❺**桜山中央**《さくらやまちゅうおう》**公園**《こうえん》や❻**台山緑地**《だいやまりょくち》などに立ち寄って、ゴールの東逗子駅へ戻ろう。

COLUMN

馬頭観音に刻まれた山道の歴史

森戸川上流一帯の桜山大山地域を通る山道は、江戸中期～昭和初期にはもっぱら逗子（沼間）と横須賀（田浦）間の往来や薪、炭の運搬に使われていた。路傍の馬頭観音は病気や事故で死んだ馬の供養などのために建てられたという。

桜山中央公園はソメイヨシノ、シダレザクラ、ヤエザクラなど約280本のサクラが咲くお花見スポット

みちくさ

買う 食べる 葉山ステーション《はやますてーしょん》

葉山産の野菜や海産物、肉、スイーツなど、葉山ならではのこだわりの食が一同に揃う複合商業施設。葉山、三浦エリアを代表する店舗が出店し、なかでも地元生産者が出品する採れたて地場野菜は新鮮さと個性的な品揃えで人気が高い。おみやげにもおすすめ。9～19時、水曜休。☎046-876-0880

HAYAMA

みちくさ

湯 逗子の銭湯 あづま湯《ずしのせんとう あづまゆ》

東逗子駅から徒歩3分の銭湯で、2020年にリニューアルオープン。炭酸風呂、電気風呂、超音波風呂、気泡風呂など複数のお風呂を楽しめるのが人気。ハイキングや海水浴帰りにもおすすめしたいお風呂屋さんだ。15時～22時30分(土日・祝日は13時～)、入浴料490円、木曜休。☎046-871-3929

あづま湯

東逗子～上二子山
逗子第一運動公園
池子(二)
沼間(二)
沼間(四)
スタート&ゴール
東逗子駅
海寶院
法勝寺
JR横須賀線
田越川
桜山(四)
逗子駅へ
福祉会館入口
逗子署
警察署前
桜山4
東逗子
駅入口
火の見下
宮の下
五霊神社
10分
沼間小
沼間(一)
湯 逗子の銭湯あづま湯
公民館
0
500m
横浜横須賀道路
田浦駅へ
24
❶二子山ハイキングコース入口
名前の通りのサクラが美しい公園。シーズンに訪れたい
❻台山緑地
10分
沼間(三)
グリーンヒル
❺桜山中央公園
桜山公園
桜山(五)
沼間中
沼間(五)
逗子IC
逗葉高
45分
イトーピア
イトーピア中央公園
逗子市
30分
逗葉新道
野鳥の声を聞きながら歩けるのどかな散策路。春はサクラ、秋は紅葉が美しい
江戸時代に祀られて以来、道行く人や馬を見守り続けた馬頭観音
葉山町
南郷
南郷トンネル入口
❹南郷上ノ山公園
❷馬頭観音
311
買う 食べる
葉山ステーション
芝生の丘
南郷中
15分
45分
阿部倉山
161
南郷上ノ山公園には広々とした芝生がありピクニックも楽しめる
南郷トンネル
葉山、横須賀、三浦の農家が手塩にかけた新鮮野菜や加工品が満載。野菜は早い時間に行かないと売り切れも
206
二子山
208
下二子山
❸上二子山
東逗子、森戸川林道、上二子山など各方面への分岐に案内板が立つ
森戸川林道
森戸川に沿って林道を下って行く。せせらぎの音が心地よい

27 ハイキング

葉山町

花の木公園から仙元山へ

眼下の町並みと海を眺望しつつ、風渡る葉山の丘陵をめぐる

仙元山展望広場は花の木公園から約40分。広場下の分岐からは大山尾根を経て、森戸川方面へ行くことができる

アクセス

行き 東京駅からJR横須賀線で約１時間2分の逗子駅下車。京急バス山手回りに乗り換えて約9分の葉山小学校バス停下車。

帰り 風早橋バス停から京急バス逗子駅行きで約10分の終点下車。往路を戻る。

問合せ先

葉山町観光協会☎046-876-1111

京浜急行バス逗子営業所

☎046-873-5511

スタート 葉山小学校バス停
⇦ 徒歩2分
❶ 花の木公園
⇦ 徒歩5分
❷ 実教寺
⇦ 徒歩20分
❸ 畠山分岐
⇦ 徒歩15分
❹ 展望広場
⇦ 徒歩2分
❺ 鎖場
⇦ 徒歩40分
❻ 仙元山展望台
⇦ 徒歩10分
❼ 葉山教会
⇦ 徒歩10分
ゴール 風早橋バス停

歩行時間	歩行距離	歩数
約1時間45分	約3.7km	約8000歩

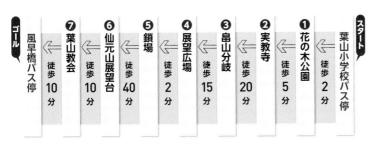

仙元山ハイキングコースの中でいちばん標高が高い展望広場で、P112の眺望が望める地点。切り株に腰かけて休んでいこう

左が男坂、右が女坂。この先で畠山方面への分岐がある。歩きやすい道が続く

花の木公園の戦没者慰霊塔。この裏手が眺めのよい高台になっている

日蓮ゆかりの腰掛山実教寺門前には六地蔵菩薩と慈母観音が参拝者を迎えてくれる

葉山小学校バス停を降り、**❶花《はな》の木《き》公園《こうえん》**の南側を回り込むように坂を上がって行くと、ほどなく**❷実教寺《じっきょうじ》**にさしかかる。花の木公園は1万5000株のツツジが咲く花の名所で、サクラの時期も美しい。それぞれの開花期に訪れるのもおすすめだ。

実教寺を右に見ながら、緩やかな坂を上って行くと、一気に山道へと入る。緩やかな上りが続く尾根道からは木の間がくれに葉山の町や海を遠望できる。樹林に囲まれ、野鳥のさえずりに耳を傾けながら歩いていると、住宅街からさほど遠くないところにこんなに豊かな自然が残されていることに驚く。

尾根道をしばらく進むと**❸畠山分岐《はたけやまぶんき》**の道標へたどりつく。右へ分ける道は、カンノン塚、畠山、横須賀の田浦方面へと向かっている。仙元山山頂へは左の尾根道を進んで行こう。左手の山裾に見え隠れするクリーンセンター、葉山小学校方面へ下る分岐点を過ぎ、樹林に囲まれたなだらかな尾根道をしばらく歩いて行くと、道の左右にサクラの大木が見えてくる。サクラの間を抜けると、すぐ右上に大山尾根への登り口があり、その右手の小

役場通りに面した花の木公園を回り込むように上って行くと、仙元山ハイキングコースの入口へ

COLUMN

花の木公園のツツジ群落

葉山町役場周辺はサクラ景色が見事だが、サクラが終わると役場庁舎隣接の花の木公園に色とりどりのツツジが咲き、小高い丘の斜面を埋め尽くす。見頃は4月中旬〜。園内の高台へ足をのばすと、天候がいい日は富士山も見える。

サブコース

＊仙元山ハイキングコースの畠山分岐から東方面へ向かうルートは町内最高峰の芽塚（212m）から三国峠、乳頭山などを経て横須賀市田浦方面へ抜ける南尾根縦走コース。田浦梅林のウメが開花する季節に歩いてみたい。畠山分岐から田浦梅林まで約3時間のコースだ。

ヒント

＊仙元山への入口は木の下交差点からと花の木公園からのルートがある。木の下交差点側から歩く場合、山頂から展望広場にかけて急な上り下りがある。花の木公園側のルートでは、山道の両側にサクラの木が多く、道も上りやすい。体力や季節を選んで出かけたい。

仙元山山頂には富士山信仰を偲ぶ2つの石碑が立つ。春はサクラ見物で賑わう

仙元山山頂から下ってくると葉山教会わきの細い道に出る。坂を下ると木の下交差点だ

展望広場の先に鎖場が現れ、アップダウンが続く。足元に気をつけながら進もう

展望広場から眼下に葉山の町並み、その先に広がる一色海岸、長者ヶ崎方向を眺望する

高い丘には開放的な❹**展望広場**《てんぼうひろば》が広がっている。目の前に開けている展望は三ヶ岡山、その左側に一色海岸、右手には森戸の海岸や葉山の町並みだ。このあたりは仙元山山頂より標高が高いので、景色を楽しみながらの小休止には絶好の場所だ。

　一息入れたら、尾根沿いに仙元山をめざして進もう。ベンチのある小広場の先からは、２００段以上の急な下り階段が続く❺**鎖場**《くさりば》だ。一気に鞍部まで下り、そこから再び階段道を上り返していく。このコースでは最もハードな区間なので、無理をしないように進んでいこう。小さなアップダウンを繰り返すと、間もなく仙元山山頂に広がる❻**仙元山展**《せんげんやまてん》**望台**《ぼうだい》（１１８ｍ）へ到着。晴れていれば、相模湾や江の島、富士山なども眺望できる。山頂付近はサクラの名所でもある。

　広場にはテーブル、ベンチも整備され、トイレもあるので、のんびりしてから帰ろう。展望台のすぐ近くから階段道を下りて行くと、ほどなく❼**葉山教会**《はやまきょうかい》のわきに出る。急な舗装路を下って木の下交差点に出たら国道１３４号線の風早橋バス停から逗子駅へ戻ろう。

COLUMN

仙元山から田浦梅の里へ歩く

仙元山の畠山分岐からは南尾根、東尾根を縦走して田浦まで、相模湾と東京湾の両方の眺望を満喫できる山歩きコースが延びている。稜線歩きで高低差も多いが、ウメの咲く季節には、田浦梅の里へのトレッキングも楽しみだ。

仙元山山頂にはベンチ、トイレが整備されている。眺望を楽しみつつ小休止をしよう。ここから葉山教会まで下りが続く

みちくさ

見る 買う

葉山まちづくり館《はやままちづくりかん》

町立図書館の2階にあり、葉山の町歩きや山歩きに役立つ情報が揃う。葉山を知り尽くした人たちの手で作られたマップ、書籍、冊子が充実。葉山の風景を題材にしたオリジナルの写真絵はがきや水彩絵はがきも好評。10時〜17時30分、月曜休（祝日の場合は翌日）。☎046-876-0421

みちくさ

買う

葉山旭屋牛肉店《はやまあさひやぎゅうにくてん》

創業以来、1世紀という葉山の老舗牛肉店。揚げたてのおいしい葉山コロッケ（1個90円）やメンチカツ（1個120円）はおみやげにおすすめ。お肉屋さんならではの自家製焼き豚（1本1600円〜）はこだわりの豚肉を紀州備長炭で昔ながらの製法で丁寧に焼き上げている。9時30分〜19時、水曜休。☎046-875-0024

28 ハイキング

葉山町

三ヶ岡山からあじさい公園へ

展望台や山頂広場から眺める海の青さと鳥の声、葉ずれの音に癒される緑地散策

県立はやま三ヶ岡山緑地の真名瀬コースから、眼下に美しい曲線を描く一色海岸と長者ヶ崎海岸を眺望する

アクセス

行き 東京駅からJR横須賀線で約１時間2分の逗子駅下車。京急バス横須賀市民病院行きなどに乗り換えて約12分の旧役場前バス停下車。

帰り 向原バス停から京急バス逗子駅行きで約14分の終点下車。往路を戻る。

問合せ先

葉山町観光協会☎046-876-1111

京浜急行バス逗子営業所 ☎046-873-5511

スタート 旧役場前バス停

↓ 徒歩15分

❶ 東峰広場

↓ 徒歩8分

❷ 東2峰広場

↓ 徒歩6分

❸ 山頂広場

↓ 徒歩5分

❹ 西2峰広場

↓ 徒歩6分

❺ 西疎林広場

↓ 徒歩8分

❻ 熊野神社

↓ 徒歩12分

❼ あじさい公園

↓ 徒歩10分

ゴール 向原バス停

歩行時間 約1時間15分

歩行距離 約3㎞

歩数 約6000歩

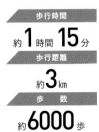

山頂広場にはテーブル、ベンチも整備されているため、休憩によい。木立ちの間からは葉山ならではの海の景観が眺められる

山頂広場をめざして、上りの階段を行く。野鳥のさえずりも聞こえる

スタートから間もなく、緑に覆われた山道へと入る

東2峰広場にたどりつくと、遠くに江の島が見える

葉山の真名瀬から東に細長く延びる県立はやま三ヶ岡山緑地には標高約148mの大峰山を中心に3つの峰が連なり、これらをつなぐ尾根道には、つつじコース、真名瀬コース、あじさいコースと3つのハイキングコースが整備されている。東側からのつつじコースを起点に歩き始めよう。旧役場前バス停で降り、「つつじコース」の道標にしたがって住宅街の緩やかな道を上って行こう。緑地の案内板を過ぎるあたりから、木もれ日のさす雑木林が続く。道のわきにはツツジが植えられており、5月の開花期には山道もいっそう華やぐ。

横木の階段を上り、尾根道に入ると間もなく、**❶東《ひがし》峰《みね》広場《ひろば》**だ。エノキやオオシマザクラなどが見られる樹林を進む。尾根の鞍部を過ぎ、階段を上り返して行くと**❷東《ひがし》2峰《みね》広場《ひろば》**にたどりつく。テーブルとベンチが複数設置されており、広場正面には森戸海岸や遠くに、江の島も眺望できる。ここから左手に続く道を進み、再び階段を上って行くと、大峰山最高地点にあたる**❸山頂《さんちょう》広場《ひろば》**だ。展望はあまり望めないが、テーブル、ベンチのほかに東屋もあるので、木立の中でのんびり休憩が

「富士山の見えるまちづくり」をテーマに選定される「関東の富士見百景」。富士山と海の見える葉山も美しい自然景観が自慢の町だ

COLUMN

野鳥も多いはやま三ヶ岡山緑地

葉山大道から真名瀬へ向けて東西に横たわる細長い三ヶ岡山。標高は143mほどだが、3つの峰が続く緑地には樹木、野鳥も多く、春にはサクラ、ツツジ、初夏にはアジサイなども楽しめる。「関東の富士見百景」の一つでもある。

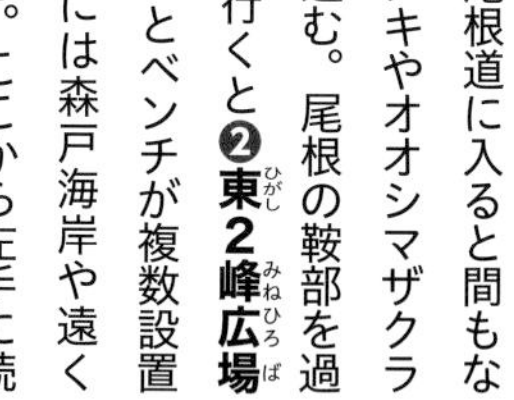

サブコース

＊真名瀬へ下った後、真名瀬漁港や磯が広がる芝崎海岸を眺めながら、一色海岸や､長者ヶ崎が点在する南側の海岸線、または森戸海岸、森戸神社が並ぶ北側の海岸線を歩いて、葉山の海の魅力をたどるのも興味深い。県道207号森戸海岸線は道幅が狭いので車には注意を。

ヒント

＊真名瀬コース起点の場合は、最初は急な階段をひたすら上って行くことになるので、足に自信のある方向きのコースといえるだろう。つつじコース起点の場合は、相模湾の方向をめざして歩くため、ときどき樹林の中から海の眺望を楽しみながら歩けるのが特徴だ。

ハイキングコースから下りると熊野神社わきに出る

西2峰広場の先の展望デッキからは開放的な眺望が広がり、ハイキングの疲れが癒される。前方に見えるのは江の島

山頂広場から右下へ延びる道はあじさい公園へ20分ほどで行ける近道

展望デッキから真名瀬漁港方面へ下る途中にはこんな平場も。この先は急な階段を下る

できる。山頂広場から北側へと分岐している道はあじさい公園へ下るコース。6月のアジサイ開花期には、ここからルートを短縮して下り、アジサイ見物をするのも楽しい。

山頂広場から広くて緩やかな尾根道が続く真名瀬コースを進もう。山頂広場からほどなく、❹**西《にし》2峰《みね》広場《ひろば》**にたどりつく。手前に小広場があり、その先に開放的な180度の景観が広がる展望デッキがある。このコース随一の絶景スポットだ。条件がよければ、正面に江の島、西に富士山も眺望できる。尾根道を進んで行くと間もなく、❺**西《にし》疎《そ》林《りん》広場《ひろば》**へ到着。杉林の中のベンチで一息つこう。

住宅街が間近に見えるところまで急な下り階段が続き、下り切ると❻**熊野《くまの》神社《じんじゃ》**わきに出る。直進30mほどで海岸道路に突き当たるので、真名瀬漁港と葉山の海を眺めながら北方向へ向かい、再び住宅街へ右折する。16世紀初頭の創建という光徳寺、山頂広場からのコースにもなっている❼**あじさい公園《こうえん》**、マツの根で彫ったお地蔵様が祀られている平松地蔵尊などに立ち寄ったのち、帰りは向原バス停から逗子駅へ向かおう。

COLUMN

芝崎海岸ナチュラルリザーブ

芝崎海岸とその周辺水域は、岩礁を中心とした磯が広がる。変化に富んだ環境に加え、黒潮や暖流による影響を受けることで魚介類や海藻類など多様な海洋生物が棲息しており、貴重な海域として町の天然記念物指定を受けている。

三ヶ岡山の山裾に広がるあじさい公園では3000株のアジサイが咲き競う。海の眺めもいい

みちくさ

食べる 買う 勇しげ《ゆうしげ》

葉山・芝崎漁港に面したしらす・地魚料理の店。しらす漁を行っている勇しげ丸直営の飲食店なので鮮度は抜群。釜揚げしらすをたっぷりのせた釜揚げしらす丼(1480円)、釜揚げ、生の両方をのせた2色丼、刺身など、漁師の店ならではの満足感が味わえる。11時30分～14時30分、木曜休。☎046-876-1224

みちくさ

見る 山口蓬春記念館《やまぐちほうしゅんきねんかん》

日本画家・山口蓬春の作品やコレクションを展示する。作品鑑賞とともに、大峰山の麓に佇む、数寄屋造りの家屋や蓬春夫妻が慈しみ育てた庭園をめぐるのも楽しみである。おとくな年間入館券は1800円。9時30分～15時、600円、月曜休(祝日の場合は翌日)、展示替えなどによる休館あり。☎046-875-6094

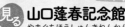

29 海

葉山町

長者ヶ崎から森戸海岸へ

のびやかに広がる白砂青松を愛で、潮騒を聴きながら海辺をめぐる

上：葉山・森戸の海を象徴する沖合いの裕次郎灯台と赤い鳥居
右：一色海岸へ向かう小径を抜けると白砂青松の葉山の海が広がる
左：葉山しおさい公園の趣のある日本庭園

アクセス

行き 東京駅からJR横須賀線で約1時間2分の逗子駅下車。京急バス横須賀市民病院行きに乗り換えて約16分の長者ヶ崎バス停下車。

帰り 元町バス停から京急バス逗子駅行きで約14分の終点下車。往路を戻る。

問合せ先

葉山町観光協会☎046-876-1111
京浜急行バス逗子営業所 ☎046-873-5511

スタート 長者ヶ崎バス停
↓ 徒歩10分
❶ 県立葉山公園
↓ 徒歩25分
❷ 葉山しおさい公園
↓ 徒歩4分
❸ 県立近代美術館 葉山
↓ 徒歩18分
❹ 芝崎海岸
↓ 徒歩20分
❺ 森戸神社
↓ 徒歩15分
ゴール 元町バス停

歩行時間 約1時間35分
歩行距離 約5km
歩数 約10000歩

29 長者ヶ崎から森戸海岸へ

葉山の豊かな自然を背景にゆったりと佇む近代美術館 葉山

園地の目の前に海が広がる葉山公園。ベンチや東屋で休もう

岬の下にビーチが広がる長者ヶ崎。夏は海水浴客で賑わう

やさしい光に包まれる近代美術館 葉山のエントランスホール

近代美術館 葉山の庭園には海の見える東屋もある

葉山町南端の長者ヶ崎から葉山の海岸線を歩こう。海に馬の背のように横たわる長者ヶ崎を取り巻く景観は、かつて北斎や広重も描いたという名勝の地。長者ヶ崎バス停から国道134号線を北に進み、2つ目の角を左折して旧御用邸付属邸跡地に開設された❶**県立《けんりつ》葉山公園《はやまこうえん》**へ。元は葉山御用邸付属の馬場だったという園内にはクロマツ林が続き、富士山を正面に見ながら散策も楽しめる。

葉山公園で休憩後は、一色海岸から海岸線を散策しよう。下山橋を渡って直進し、御用邸の先を左折すると一色海岸だ。海岸に面して、一色公園と❷**葉山《はやま》しおさい公園《こうえん》**が並んでいる。葉山しおさい公園は県道側へ戻って正面入口から入園する。

葉山しおさい公園では日本庭園、流れ落ちる噴井《ふけい》の滝、クロマツ林などの落ち着いた風情を堪能したい。県道に戻って北に進むと、❸**県立近代美術館《けんりつきんだいびじゅつかん》　葉山《はやま》**だ。海と緑深い自然が一体となった、「環境すべてが美術館」といわれるアート空間だ。野外彫刻も鑑賞できる庭園が心地よく広がる。

三ヶ下海岸バス停を通り過ぎ、堤防沿いの道を左に入ると目の前に広がるのは、町の天然記念物指定を受けている❹**芝崎海岸《しばざきかいがん》**の岩礁地帯。多種多様な生物が見られる貴重な場所で、沖合いには葉山のシンボル・白い葉山灯台(裕次郎灯台)と名島の赤い鳥居が見える。真名瀬漁港を過ぎると、前方の岬に源頼朝の創建とされる❺**森戸神社《もりとじんじゃ》**の森が見えてくる。ご神木のビャクシンの巨木や葉山町ゆかりの人々の記念碑も見られる。

参拝後は、朱塗りのみそぎ橋を渡り、森戸海岸を経て、元町バス停から逗子駅へ戻ろう。

葉山の町には懐かしい赤いポストも点在。ゆったりとした時間が流れるのが葉山らしい

サブコース

＊ここでは県道207号線の海側を南から北へ歩くコースを紹介しているが、県道をはさんで、真名瀬漁港の山側に位置するはやま三ヶ岡山緑地や長者ヶ崎の山側にあたる下山口地区に足を延ばすコースもおすすめ。下山口地区には、今ものどかな山里風景が残っている。

ヒント

＊葉山の海岸線や御用邸近くの散策路、休憩スポットが整備された公園を歩いたり、葉山の海洋環境に親しむ博物館や海と山を背景にした美術館に立ち寄ったりと、多様な楽しみ方があるコースなので、歩行と滞在の時間配分に無駄がないようにしよう。

DATA 葉山しおさい公園・葉山しおさい博物館　8時30分～17時、月曜(祝日の場合は翌日)・年末年始休、300円。葉山しおさい公園☎046-876-1140、葉山しおさい博物館☎046-876-1155

子授け・安産祈願でも親しまれている森戸神社。本殿参拝後は海を望む境内散策を

森戸神社境内から海へ出ると、裕次郎の石碑が立つ

赤いみそぎ橋を渡ると森戸海岸。浜辺を歩いて行こう

沖合い正面に裕次郎灯台を眺める真名瀬漁港は、小ぢんまりとしているが、葉山唯一の漁港。近くにはしらすを販売する店もある

長者ヶ崎〜森戸海岸
ゴール
元町バス停
スタート
長者ヶ崎バス停
❶県立葉山公園
海を見ながら東屋でひと休み
❷葉山しおさい公園
葉山しおさい博物館
潮見亭
❸県立近代美術館 葉山
レストラン オランジュ・ブルー
❹芝崎海岸
❺森戸神社
10分
25分
4分
18分
20分
15分
花の絶えない庭園も必見
芝崎海岸は町が天然記念物指定をした海洋生物の宝庫。磯遊びも楽しめる
県立近代美術館 葉山のミュージアムショップで記念グッズを探そう
逗子へ
風早橋
仙元山
118
189
葉山元町
葉山堀内局
町立図書館
図書館入口
向原
森戸神社
真名瀬
光徳寺
あじさい公園
真名瀬漁港
芝崎
熊野神社
県立はやま三ヶ岡山緑地
大峰山
148
山口蓬春記念館
森山神社
玉蔵院
三ヶ下海岸
一色海岸
一色公園
葉山署
葉山一色局
葉山御用邸前
葉山御用邸
葉山
大浜海岸
葉山公園前
葉山ハートセンター
長者ヶ崎海岸
長者ヶ崎
葉山中
文化会館
葉山小
葉山小学校
葉山町役場
花の木公園
実教寺
葉山町
葉山大道
平松の庚申塔
平松地蔵
夜泣石脇の庚申塔
一色小
一色小学校
葉山局
前田川
下山川
下山口
茅木山
横須賀市
秋谷へ
相模湾
鮫島
小磯
207
134
N
0
500m

DATA 県立近代美術館 葉山 9時30分〜17時（入館は〜16時30分）、月曜（祝日・振替休日の場合は開館）・展示替え期間・年末年始休、観覧料は展覧会により異なる。☎046-875-2800

AREA : Yokohama Kanazawa / Yokosuka

40 ⇐ 30

横浜金沢・横須賀エリア

大楠山山頂をめざし、小さな流れに沿って歩く

称名寺境内には阿字ヶ池を中心に美しい浄土式庭園が広がる。称名寺に伝わる絵図にしたがって復元されたもの

30 街

横浜市

野島公園から称名寺へ

鎌倉につながる史跡と文化財をめぐり、景勝の地・金沢八景の今昔をたどる

アクセス

行き 品川駅から京急線特急、または快特で約38〜48分の金沢八景駅下車。

帰り 金沢文庫駅から京急線快特で約33分の品川駅下車。

問合せ先

横浜金沢観光協会☎045-780-3431

京急ご案内センター☎045-225-9696

スタート 金沢八景駅

↓ 徒歩30分

❶ 野島公園展望台

↓ 徒歩8分

❷ 旧伊藤博文金沢別邸

↓ 徒歩7分

❸ 野島橋

↓ 徒歩15分

❹ 海の公園

↓ 徒歩20分

❺ 海の公園柴口駅

↓ 徒歩12分

❻ 称名寺

↓ 徒歩2分

❼ 神奈川県立金沢文庫

↓ 徒歩15分

ゴール 金沢文庫駅

歩行時間 約1時間50分

歩行距離 約8km

歩数 約16000歩

DATA 歌川広重は『武州金沢八景』で「野島夕照《のじまのせきしょう》」「乙艫帰帆《おっとものきはん》」「洲崎晴嵐《すさきのせいらん》」「瀬戸秋月《せとのしゅうげつ》」「平潟落雁《ひらかたのらくがん》」「小泉夜雨《こずみのやう》」「内《うち》
川暮雪《かわのぼせつ》」「称名晩鐘《しょうみょうのばんしょう》」を描いた。風景は様変わりしたが、昔日の面影をたどりつつ歩くのも楽しみだ。

30 野島公園から称名寺へ

野島公園展望台からは360度の眺望が広がる。目の前に八景島、天気がよければ、房総、丹沢、富士山も眺められる爽快な景観をたっぷり楽しもう

右：琵琶島神社は琵琶の形の小島に弁財天が祀られている
下：遊歩道が続く平潟湾プロムナードからシーサイドラインが見える

京浜急行の金沢八景駅で降り、国道16号を渡ると平潟《ひらかた》湾がすぐ目の前に広がっている。ここは歌川広重の名所絵『武州金沢八景』の一つ、「瀬戸秋月」の舞台となったあたりだ。景観は当時と大きく変わっているが、今も開放的な海辺の風景が広がっている。参道が平潟湾に向かって延びる琵琶島《びわじま》神社は、北条政子が弁財天を祀ったという古社である。

平潟湾沿いの広々とした遊歩道から、カーブを描いて海上を進んで行くシーサイドラインを見ることができる。夕照《せきしょう》橋を渡って❶**野《の》島公園展望台《じまこうえんてんぼうだい》**をめざそう。海抜57ｍの野島山山頂にあり、好天時には富士山、丹沢、房総半島などが一望できるビューポイントだ。公園北側には❷**旧伊藤博文金沢別邸《きゅういとうひろぶみかなざわべってい》**が復元され、牡丹園とともに無料公開されている。明治期を代表する茅葺寄棟屋根の別荘建築はぜひ一見したい。牡丹園には散策路も整い、金沢区の花であるボタンをはじめ、四季の花を楽しむことができる。

野島運河にかかる❸**野島橋《のじまばし》**を渡り、シーサイドライン沿いに進むと間もなく右手が❹**海《うみ》の公園《こうえん》**だ。磯浜駐車場から園内へ入ると、全

旧伊藤博文金沢別邸の牡丹園には38種約200株のボタンが植えられており、毎年春には鮮やかな花景色を繰り広げる

COLUMN

『金沢八景』と『新金沢八景』

元禄時代に心越禅師が漢詩に詠み、歌川広重の名所絵（写真）で世に広まった8つの景勝地が金沢八景の発祥。今では当時を偲ぶことは難しいが、金沢区では区民の投票で平成版『新金沢八景』を選び、魅力ある街を発信している。

サブコース

＊称名寺裏山に広がる称名寺市民の森には1時間ほどで回れるハイキングコースがある。山頂の八角堂広場からは、海の公園、野島、八景島シーパラダイス、房総半島などを眺望する。道は階段で整備されているが、急な階段が続くので余裕をもって出かけよう。

ヒント

＊金沢八景駅、金沢文庫駅のどちらからスタートしても散策がてら歩くことができる。神奈川県立金沢文庫で展覧会を鑑賞したい、称名寺探訪に時間をかけたい、海の公園でお弁当を広げたい、といったお好みプランで時間配分し、どちらからスタートするかを決めよう。

DATA 横浜市金沢区の区民投票による平成版『新金沢八景』では、「海と緑を辿るシーサイドライン」「能見堂跡」「金沢自然公園からの眺望」「八景島の紫陽花」「海の公園の白砂青松」など8ヶ所が選ばれている。

白砂の人工砂浜が広がり、正面には横浜・八景島シーパラダイスがよく見える海の公園。遊歩道も整備され、幅広い世代が楽しめるリゾートゾーンになっている

上：野島公園に立つ「野島の夕照」碑。美しい夕景を今も見ることができる
右：野島公園への坂道は海の景色を楽しみながら歩こう

長約１㎞の砂浜が広がる。海水浴エリアのほか、バーベキュー場や健康歩道もあり、通年楽しめるエリアになっている。右前方の八景島や海を眺めつつ砂浜沿いの散策路を歩こう。

なぎさ広場手前で海の公園を出て、シーサイドラインの❺**海《うみ》の公園《こうえん》柴口《しばぐち》駅《えき》**を通過する。柴口駅交差点を左折して、住宅街を西へ進めば、やがて右手に、❻**称名寺《しょうみょうじ》**の朱塗りの赤門が見えてくる。13世紀中期に創建された金沢北条氏の祖、北条実時を開基とする名刹で、境内には阿字ヶ池に中之島、反橋、平橋を配した美しい浄土庭園が広がっている。背後に連なる日向山、稲荷山、金沢山一帯は緑濃い「称名寺市民の森」として開放され、眺望のよいハイキングコースになっているので時間、体力が許せば、足を延ばしてみたい。

称名寺の境内西側のトンネルを抜けると❼**神奈川県立金沢文庫《かながわけんりつかなざわぶんこ》**である。北条実時の私設の蔵書をルーツとしており、現在は神奈川県の施設として中世の絵画、彫刻、工芸品などの文化財を収蔵し、展覧会や講座などを開催している。

住宅街を西へ進み、国道16号を渡ると、ほどなく金沢文庫駅の東口だ。

COLUMN

金沢文庫は貴重な中世歴史博物館

武家の文庫として、代々、蔵書の充実がはかられてきた金沢文庫。鎌倉幕府滅亡後は称名寺により管理され、金沢北条氏のほか、称名寺ゆかりの収蔵品も多数ある。手紙類など鎌倉時代の人々の日常がうかがえる資料も興味深い。

緑豊かな金沢三山（金沢山・稲荷山・日向山）を背に広がる称名寺庭園。金堂、釈迦堂、「称名の晩鐘」で知られる梵鐘が並ぶ

DATA 旧伊藤博文金沢別邸　9時30分〜16時30分（4・5月は〜17時30分、12・1月は〜15時30分）、第1・3月曜（12・1月は毎週月曜、祝日の場合は翌日）・年末年始休、無料。☎045-788-1919

みちくさ

見る 横浜・八景島シーパラダイス《よこはま・はっけいじましーぱらだいす》

水族館、アトラクションのほか、ショッピングモール、レストラン、ホテルなどが併設された複合型のレジャー施設である。初夏には、島内各所に、2万株ものアジサイが海を背景にダイナミックに咲き競う。オリジナルの品種もあり、見応えがある。花の見頃は6月中～下旬。入島無料。

☎045-788-8888

みちくさ

見る 旧伊藤博文金沢別邸《きゅういとうひろぶみかなざわべってい》

明治31年(1898)に建築された伊藤博文の別邸。老朽化のため、平成21年(2009)に復元され一般公開。客間棟、居間棟、台所棟からなり、ゆかりの調度品や貴重な資料も展示。東京湾を一望する庭園には多くの灯籠が並び、海から出入りした当時の様子がうかがえる。春には牡丹園の散策も楽しみだ。

海抜57mの展望台からは遠く房総、丹沢も眺められる

DATA 神奈川県立金沢文庫　9時～16時30分、月曜(祝日の場合は翌日)・祝日の翌日（その日が土日にあたる場合は開館)・年末年始休、250円（特別展は別途料金)。☎045-701-9069

31 ハイキング

横浜市

能見堂緑地から金沢自然公園へ

江戸と金沢を結んだ古道を歩き、緑豊かな横浜金沢の森を探訪する

能見堂緑地は横浜市南西部に広がる広大な緑地の一角にある。ここから鎌倉の天園まで、緑に包まれた10kmほどのロングコースが続いている

アクセス

行き 品川駅から京急線特急、または快特で約35～45分の金沢文庫駅下車。

帰り 夏山坂上バス停から京急バス金沢文庫駅西口行きで約12分の終点下車。往路を戻る。

問合せ先

横浜金沢観光協会☎045-780-3431
京急ご案内センター☎045-225-9696
京浜急行バス能見台営業所
☎045-771-9248

スタート 金沢文庫駅西口
↓ 徒歩25分
❶ 能見堂緑地
↓ 徒歩10分
❷ 能見堂跡
↓ 徒歩5分
❸ 不動池
↓ 徒歩3分
❹ 谷津関ヶ谷不動尊
↓ 徒歩50分
❺ 釜利谷市民の森
↓ 徒歩25分
❻ 金沢自然公園
↓ 徒歩8分
❼ しだの谷
↓ 徒歩14分
ゴール 夏山坂上バス停

歩行時間 約2時間20分

歩行距離 約5.5km

歩数 約11000歩

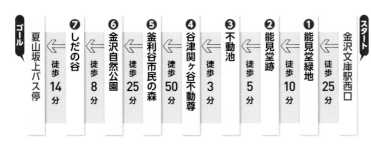

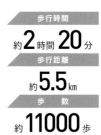

水面にまで緑が迫り、野鳥の声だけが聞こえる静寂な不動池。休憩も兼ねて立ち寄っていこう

明治初めまで能見堂と呼ばれた地蔵院があった能見堂跡

古くから地元で信仰されてきた谷津関ヶ谷不動尊

古道の面影を偲ばせる切通を歩いて能見堂緑地へ

京浜急行の金沢文庫駅西口から線路沿いを右へ進み、最初の踏切地点で左折すると、道の角に「六国峠ハイキングコース」の表示板と江戸時代のものと思われる石標を見つける。表示にしたがって住宅街を道なりに進むと、やがて道は二手に分かれ、次の表示板が現れる。右手の民家のわきを上る細い道がハイキングコース入口だ。

緩やかな切通を上っていくと間もなく、❶**能見堂緑地**《のうけんどうりょくち》に入る。この尾根道はかつて金沢道といわれた古道で、身近な行楽地だった金沢八景と江戸を結ぶ要路として多くの旅人で賑わったという。上りの道を進んでいくと、右手の階段の上に❷**能見堂跡**《のうけんどうあと》の広場がある。周辺には、能見堂や金沢八景の来歴を記す展示板が点在しており、昔の金沢はこのあたりまで内海が入り込み、眺望絶佳の地だったこと、尾根の景勝地に寺院が建てられ、能見堂と呼ばれたこと、能見堂に滞在した明の僧が美しい眺望を漢詩に詠み、金沢八景の発祥となったことなどを知ることができる。広場前には「金沢八景根元地」の碑も立つ。

能見堂跡の北側尾根を右に下ると、山裾に

COLUMN

旧道は江戸庶民の行楽周遊路

保土ヶ谷道(金沢道)は、古くから鎌倉と江戸を結ぶ幹線道路だったが、江戸時代後期になると歌川広重が描いた「武州金澤八景」により人気が高まり、金沢八景、鎌倉、江の島の周遊路として賑わった。路傍には古い道祖神も点在する。

金沢動物園ではコアラやオカピなど、世界の希少な草食動物を4大陸別に飼育展示

サブコース

＊金沢文庫から鎌倉の天園まで延びる六国峠ハイキングコースは全長約10km。金沢自然公園から鎌倉方面をめざして歩くと、大丸山東側の尾根、横浜自然観察の森から、天園ハイキングコースを通り、鎌倉市街、北鎌倉へと続く健脚派におすすめしたいコースが続いている。

ヒント

＊能見堂跡、金沢道などの歴史探訪と金沢自然公園の自然満喫、動物園めぐりと、楽しみな要素を組み込んでプランづくりができるコース。京浜急行の金沢文庫駅発着なので、ここで紹介したコースと逆回りも可能。当日の天候や時間によって決めたい。

一面、緑色のシダに覆われた「しだの谷」では、木道を歩きながらのんびり散策ができる

金沢動物園

金沢自然公園のメインゲート「にこにこプラザ」。ここを通って動物園やののはな館へ

金沢自然公園「ののはな館」では周辺緑地で見られる動植物の展示を見ることができる

横浜横須賀道路の下をくぐり抜けると釜利谷市民の森へ

ひっそりと❸**不動池**《ふどういけ》が広がっているので下りてみよう。谷戸の緑に囲まれ、野鳥の声だけが聞こえる池畔は心地よい。東屋を過ぎ、いったん住宅街に出て左へ進むと❹**谷津関ヶ谷**《やつせきがや》**不動尊**《ふどうそん》の石柱が目に入る。急な石段を上ると、小ぢんまりとした境内にお不動様が祀られ、湧水や滝不動も見られる。小さな池にかかる石橋を渡り、坂を上っていくと、元のハイキングコースへ戻ることができる。

尾根との合流点に立つ道標にしたがって進もう。雑木林が続き、やがて道の西側の視界が開け、三浦半島方面が遠望できる場所へ出る。緩やかなアップダウンの道を進み、右手に能見台高区配水槽が見えると進路は左へと大きくカーブし、横浜横須賀道路金沢支線の下をくぐる。このあたりは❺**釜利谷市民**《かまりやしみん》**の森**《もり》の尾根道だ。右手に駐車場を見ながら進んでいくと、間もなく❻**金沢自然公園**《かなざわしぜんこうえん》にこにこプラザへ到着する。園内ののはな館で一休みしたら、おもしろ自然林や❼**しだの谷**《たに》をめぐろう。時間があれば、動物園にも立ち寄り、夏山坂上バス停から金沢文庫駅へ戻ろう。

鎌倉天園、金沢自然公園方面を示す案内板がある
能見台小
能見台東
16
雑木林の中を急坂や階段が続く
能見台(四)
能見台東公園
堀口能見台IC
能見台駅へ
❹谷津関ヶ谷不動尊
能見台(五)
3分
❸不動池
不動池
WC
片吹
急な勾配を下る
5分
❷能見堂跡
京浜急行電鉄本線
六国峠入口
10分
❶能見堂緑地
16
案内板にしたがって民家わきの道へ
六国峠入口
谷津町
釜利谷東小
25分
金沢文庫駅西口
スタート
金沢町
WC
金沢文庫駅前局
利谷東(一)
金沢八景駅へ

みちくさ

見る 金沢自然公園《かなざわしぜんこうえん》

釜利谷市民の森や横浜自然観察の森に隣接し、草食動物が見られる動物区(金沢動物園)のほか、植物区、外園区などからなる横浜市の公園。鎌倉へのハイキングの中継地点でもある。植物区には雑木林の丘陵地に各種のシダや野草が観察できる「しだの谷」や、レストランがある「ののはな館」、「海の見える小径」や展望台、日本庭園風の「みずの谷」などが点在。標高は最も高い所で130m。☎045-783-9100

右：植物区エリアでは梅林散策も楽しみ。園内のウメは約300本
下：長いローラーすべり台のあるこども広場では大人も楽しめる

動物園ではキリンなどの草食動物に出会える

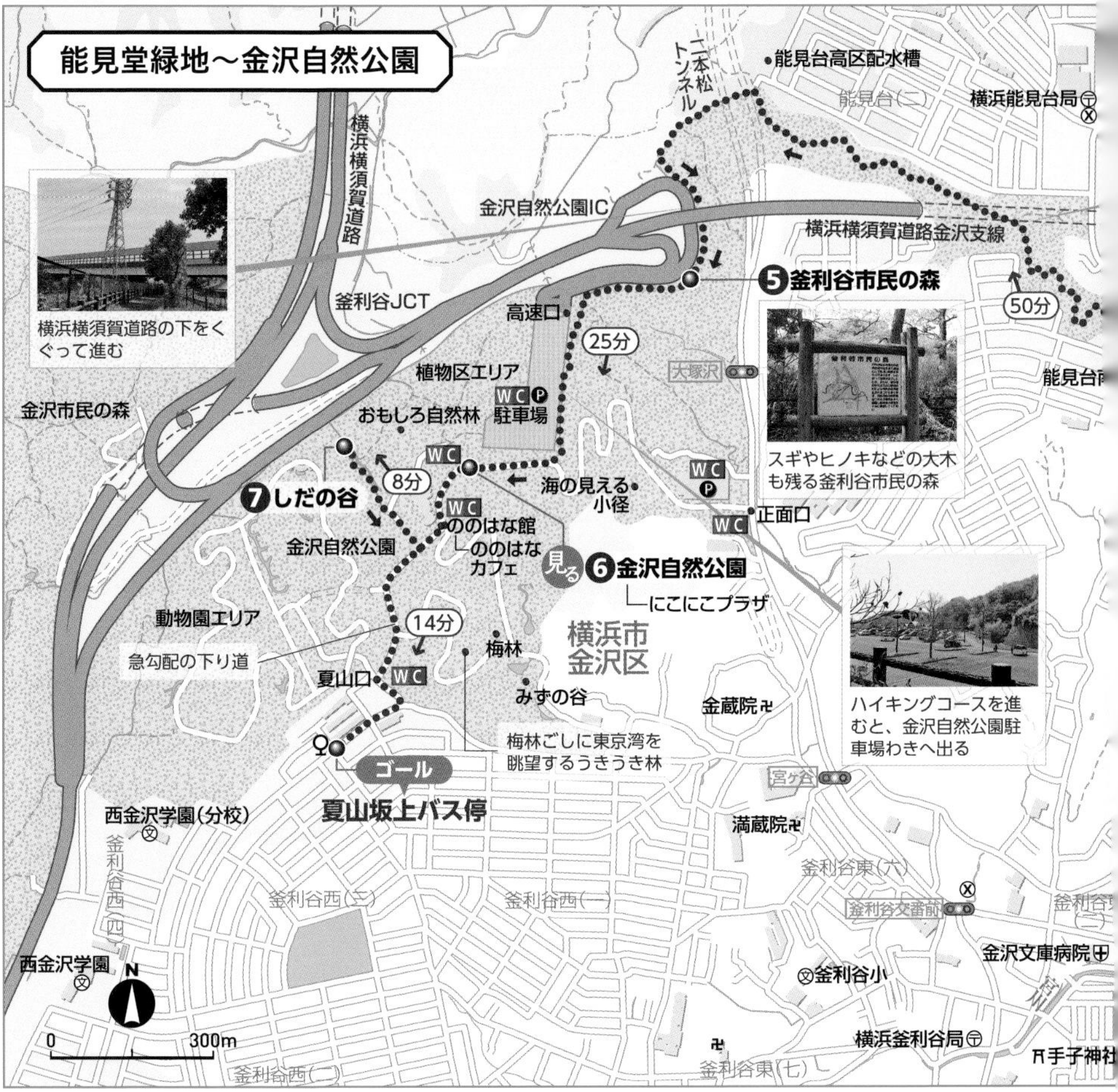
能見堂緑地～金沢自然公園
二本松トンネル
能見台高区配水槽
能見台(二)
横浜能見台局
横浜横須賀道路
金沢自然公園IC
横浜横須賀道路金沢支線
釜利谷JCT
高速口
5 釜利谷市民の森
50分
25分
大塚沢
能見台
植物区エリア
WC P 駐車場
金沢市民の森
おもしろ自然林
8分
7 しだの谷
海の見える小径
WC P
正面口
WC
ののはな館
ののはなカフェ
金沢自然公園
見る 6 金沢自然公園
にこにこプラザ
動物園エリア
14分
急勾配の下り道
梅林
夏山口
横浜市金沢区
みずの谷
金蔵院
梅林ごしに東京湾を眺望するうきうき林
ゴール
夏山坂上バス停
宮ケ谷
西金沢学園(分校)
満蔵院
釜利谷西(四)
釜利谷東(六)
釜利谷西(三)
釜利谷西(一)
釜利谷交番前
金沢文庫病院
西金沢学園
釜利谷小
N
0
300m
横浜釜利谷局
手子神社
釜利谷西(二)
釜利谷東(七)
横浜横須賀道路の下をくぐって進む
スギやヒノキなどの大木も残る釜利谷市民の森
ハイキングコースを進むと、金沢自然公園駐車場わきへ出る

DATA 金沢自然公園　植物区9～17時、無休、無料。動物園・ののはな館9時30分～16時30分（動物園入園は～16時)、月曜（祝日の場合は翌日）・年末年始休、5・10月は無休。動物園のみ500円。☎045-783-9100

32 ハイキング

横須賀市

湘南国際村から子安の里へ

ツツジが彩る丘の街を下り、路傍の石仏と出合うのどかな山里歩き

畑が広がる子安の里を行くと、三叉路の角にいくつもの庚申塔が並んでいる

アクセス

行き 東京駅からJR横須賀線で約1時間2分の逗子駅下車。京急バス湘南国際村センター前行きに乗り換えて約19分の湘南国際村つつじが丘バス停下車。

帰り 久留和バス停から京急バス逗子駅行きで約25分の終点下車。往路を戻る。

問合せ先

横須賀市観光案内所☎046-822-8301
京浜急行バス逗子営業所 ☎046-873-5511

スタート 湘南国際村つつじが丘バス停
↓ 徒歩15分
❶ 子安の里通り
↓ 徒歩18分
❷ 庚申塔
↓ 徒歩2分
❸ 子安観音と石仏
↓ 徒歩5分
❹ 関渡川遊歩道
↓ 徒歩20分
❺ 関根御滝不動尊
↓ 徒歩10分
ゴール 久留和バス停

歩行時間 約1時間10分
歩行距離 約4㎞
歩数 約8000歩

湘南国際村から子安の里へ

横須賀市の西海岸だけに見られるという、一匹の猿が御幣を持つ庚申塔（左側）

静かな時間が流れる山里を歩いていこう。時折り、鳥のさえずりだけが聞こえる

無人の野菜販売所も点在している。子安の里ならではののどかな風景

間門沢調整池の斜面や散策路の周辺を彩る湘南国際村のツツジ

湘南国際村つつじが丘バス停からスタートしよう。企業の研修施設や住宅が建ち並ぶ湘南国際村では、4月下旬から5月上旬にかけて、丘の斜面や散策路を彩る色鮮やかなツツジの開花を楽しみに訪れる人々も多い。

幾何学模様を描くように延びる散策路を下り、間門沢調整池を見下ろすように斜面を埋め尽くすツツジ群落をめぐり、**❶子安《こやす》の里通《さとどお》り**へ向かおう。通りに出たら、左手の集落の外周を歩く里の道へと入って行く。近代的な湘南国際村とは対照的に、丘の中腹に広がる一帯は、子安の名で親しまれるのどかな山里である。

畑の中の道を緩やかに下っていくと野の花、畑の花で彩られた山里の風景が広がる。屋敷林の中の民家、畑、野菜や花を売る道端の無人販売所など、のんびりとした風景を楽しみながら歩いて行こう。明治時代まで、畑仕事とともに盛んだったという炭焼きは、今もわずかに行われているという。

昔の三崎道と鎌倉道、浦賀道を分ける三叉路まで来ると右角の路傍に、多くの**❷庚申塔《こうしんとう》**が並んでいる。江戸時代中期から明治時代に

優しい表情で赤ん坊を胸に抱く観音さまが、路傍で道行く人たちを優しく見守っている

COLUMN

海にも近いのどかな子安の山里歩き

農道が整備されていて歩きやすい子安の里めぐりは自然散策に最適なコース。子安観音から秋谷へ抜ける古道コース、湘南国際村へ通じる県道217号（子安の里通り）の西側をめぐるコースなど、野菜スタンドをのぞきながら歩くのも楽しい。

サブコース

＊関根川林道は、県道と市道との分岐近くに出入口の案内板が立ち、川沿いへ下って行くことができる。遊歩道には3ヶ所、出入口が設けられている。遊歩道を歩く場合、御滝不動尊に立ち寄るには、2番目の出入口を出て、少し道を戻ることになるので注意を。

ヒント

＊ツツジ満開の季節には、湘南国際村の滞在時間にもゆとりをもたせ、花散策、眺望を楽しもう。関渡川遊歩道、関根川遊歩道など、せせらぎ沿いを歩く場合は、滑りにくい靴を心がけ、雨後、増水の危険のあるときは臨機応変にコース変更をすることも大事である。

関渡川遊歩道を歩き終わり、手前の階段を上がると子安の里通りへ出る

国道134号線沿いに広がる久留和の海を眺めるのも楽しみだ

関渡川遊歩道沿いには、きれいな清流が流れ、夏にはホタルも飛び交う

前方に見る大楠山方面の山並みやのどかな里の風景が心も体も癒してくれる。新緑や花の季節に合わせて歩きたい子安の里

建てられたものという。さらに左手へ進むと、子どもを抱いた穏やかな表情の❸**子安観《こやすかん》音《のん》と石仏《せきぶつ》**が祀られている。鎌倉、金沢、三崎方面へ多くの人々が往来していた当時の古道の様子が偲ばれる。のどかな里の道には、ところどころに無人の野菜スタンドがとれたての野菜を並べている。

この先は舗装の道に平行して延びる❹**関渡《せきわたし》川《がわ》遊歩道《ゆうほどう》**を歩いていこう。せせらぎに沿って木道が整備されており、水辺の植物散策も楽しい。関根川との合流地点で遊歩道は終点だ。新子安橋を渡り、子安の里通りに出て左へ向かうとトンネルの手前から左へ入っていく旧道がある。左手に関根川の谷を見下ろしながら、この道をしばらくたどると❻**関根御《せきねお》滝不動尊《たきふどうそん》**の小さなお堂が見えてくる。おいしい名水が湧く不動尊という評判で、清水を汲みにくる人の姿も絶えない。

不動尊を参拝してから久留和海岸への道を進んでいくと、途中の道沿いには、お地蔵さまが彫られた古い庚申塔が並んでいる。

国道134号へ出るとすぐに、久留和バス停である。

COLUMN

関渡川の木道を歩いて自然探訪

子安の里の途中から関渡川遊歩道を歩いてみよう。関根川合流地点まで700mにわたって続き、木道も整備されている。春はナノハナ、初夏はアジサイが咲き、ホタルやカワトンボなども観察できる。豊かな自然を満喫したい。

関根川にも歩きやすい遊歩道が整備されている。汗ばむ季節のウォーキングには川沿いを歩くのも心地よい

みちくさ

見る 久留和海岸の子産石《くるわかいがんのこうみいし》

横須賀市秋谷の久留和海岸には、古来、波に洗われて丸くなった石を安産のお守りとして信仰する「子産石」の伝承がある。女性が子産石を撫でた手でお腹をさすると子宝、子授け、安産のご利益があるという。この伝承の象徴として、バス停「子産石」の近くに横須賀市指定市民文化資産の大きな子産石が立つ。

みちくさ

見る 関根御滝不動尊《せきねおたきふどうそん》

もとは関根川裏山の尾根に埋もれていたという不動尊を祀っており、川向こうの山中から湧水を引いた名水スポットとしても知られる。胃腸に効く霊水といわれ、ここまで汲みに来る人々もよく見られる。山あいの小さな社だが、いつも扉が開かれ、参拝者を気持ちよく迎えてくれる佇まいが清々しい。

「横須賀風物百選」の一つに選ばれている大楠山。展望台に上れば360度の絶景に出合う

33 ハイキング

横須賀市

衣笠山公園から大楠山へ

三浦半島最高峰の絶景を堪能し、森と川のせせらぎに癒やされる山歩き

アクセス

行き 東京駅からJR横須賀線で約1時間15分の衣笠駅下車。

帰り 前田橋バス停から京急バス逗子駅行きで約29分の終点下車。JR横須賀線に乗り換えて約57分の東京駅下車。

問合せ先

横須賀市観光案内所☎046-822-8301

京浜急行バス逗子営業所 ☎046-873-5511

スタート 衣笠駅

⇐ 徒歩25分

❶ 衣笠山公園

⇐ 徒歩30分

❷ 横須賀しょうぶ園駐車場

⇐ 徒歩20分

❸ 阿部倉側登山口

⇐ 徒歩15分

❹ 衣笠城址分岐

⇐ 徒歩15分

❺ 大楠山山頂

⇐ 徒歩50分

❻ 前田橋側登山口

⇐ 徒歩15分

ゴール 前田橋バス停

歩行時間 約2時間50分

歩行距離 約10km

歩数 約20000歩

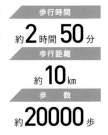

衣笠山公園から大楠山へ

大楠平には展望所（右）と大楠山レーダ雨量観測所電波塔が立っている

平作川の流れに沿って緑に包まれた山道を上り始める

山頂に近くなると階段の上りもきつくなる。山頂まで1km地点

衣笠山公園の展望台から横須賀の街並みや東京湾を眺望する

衣笠駅から衣笠十字路へ向かい、右折すると衣笠山公園入口の信号が見える。右前方の道へ入り、表示板にしたがって急坂を右折すると❶**衣笠山公園《きぬがさやまこうえん》**だ。春にはサクラ2000本が咲き誇る県内屈指のサクラ名所で、大楠山登山の東の入口でもある。標高134mの展望台からは東京湾の眺望も楽しめる。展望台から大楠山方面の標識にしたがって細い木の階段を下ると県道27号線に出る。西方向へ30分ほど歩くと左手が❷**横須賀《よこすか》しょうぶ園駐《えんちゅう》車場《しゃじょう》**だ。駐車場わきの道を横浜横須賀道路に突き当たるまで進み、右折して道路下のトンネルをくぐると、間もなく❸**阿部倉側登山口《あべくらがわとざんぐち》**で緑に包まれたハイキングコースが始まる。

しばらく平作川源流域の沢沿いに、沢の音を聞きながら大小の橋を渡って進んでいく。急坂の階段を下り、❹**衣笠城址分岐《きぬがさじょうしぶんき》**を右へ、ゴルフ場わきを回りこむように進んで行くとほどなく「大楠山」と「大楠山山頂」の分岐にたどりつく。どちらも山頂へ向かうが、「大楠山山頂」コースは230段の急階段、「大楠山」コースは広くて傾斜の緩い山道である。ここは大楠山方面の緩やかなコースを進もう。

大楠山は関東ふれあいの道「佐島・大楠山のみち」でも推奨され、山歩きと海歩きを楽しめるコースとして人気

みちくさ

見る 横須賀しょうぶ園

よこすかしょうぶえん

約3万8000㎡の園内に14万株のハナショウブが咲き競う。開花期は5月下旬から7月上旬。例年6月に開催される「衣笠しょうぶまつり」ではイベントが開催され、レストランも営業。フジ苑やシャクナゲ苑、スイレン池をめぐる散策路も整備され、サクラ、アジサイ、紅葉など四季折々の景観を楽しめる。

サブコース

＊大楠山へは前田橋、衣笠、塚山・阿部倉、大楠芦名口、湘南国際村など5つのハイキングコースがあり、家族連れにも人気の山だ。大楠芦名口コースは平坦な道が多いため歩きやすく、山頂を経て阿部倉方面への分岐まで分かりやすい1本道で軽快な歩きを楽しめる。

ヒント

＊山頂に近い大楠平では、大楠山レーダ雨量観測所わきの展望所に上ると、天気のよいときには富士山や江の島も眺められる。春のサクラシーズンに、ここから大楠山山頂方面を眺望すると、山肌一帯を覆うように咲くサクラ群落が見事な花景色を見せてくれる。

DATA 横須賀しょうぶ園　9〜19時（9〜4月は〜17時）、月曜・祝日の翌日・年末年始休（4〜6月は無休）、320円（7〜3月は無料）。管理事務所☎046-853-3688

横須賀駅へ
横須賀中央駅
坂本坂下
平坂上
坂本町
坂本坂上
聖徳寺坂上
26
不入斗町(三)
不入斗橋
県立大学駅
不入斗公園
JR横須賀線
佐野町(一)
汐見台(二)
佐野4
平作町
佐野町(四)
27号線に沿って、平坦
道を「しょうぶ園前」の
まで歩く
衣笠栄町(三)
佐野町(五)
佐野6
公郷町(三)
衣笠駅
スタート
衣笠十字路
衣笠コース
久里浜駅へ
衣笠中
25分
30分
衣笠山公園
❶衣笠山公園
衣笠町
衣笠城址
衣笠城址
「日本さくら名所100選」
に選ばれている衣笠山公
園から東京湾を眺望
衣笠IC
大矢部(五)
山科台
大矢部(四)
佐原ICへ
北武
衣笠山公園から急な階段
を下ると横須賀しょうぶ
園へ向かう道に出る
武山
岩戸(三)
武(一)
横須賀リサーチパーク
武山
200

大楠平にある展望所から大楠山山頂を眺望。山の斜面に咲くサクラが美しい

前田橋コースを下っていくと時には、野鳥のさえずりも聞こえてきて楽しい

分岐からしばらく歩くと芦名口から上ってくるコースと合流。舗装路の先の階段を上ると一気に視界が開け、標高242mの**❺大楠《おおぐす》山《やま》山頂《さんちょう》**だ。展望塔に上がれば、富士山や江の島、箱根や伊豆半島、丹沢山塊など三浦半島最高峰からの360度の眺望が広がる。

山頂からの階段を下り、湘南国際村方面への道を分けて左手の道を行くと大楠芦名口方面と前田橋方面の分岐にさしかかる。目の前にそびえる大楠山レーダ雨量観測所のそばには展望所があるので上がってみよう。ここからは山頂付近や江の島方面が遠望できる。

下山は前田橋コースへ。樹林に覆われた緩やかな山道を、アップダウンを繰り返しながら下って行く。川の音が聞こえ始め、前田川にかかる橋を渡ると**❻前田橋《まえだばし》側《がわ》登山口《とざんぐち》**である。前田川は大楠山の沢の水や湧水などが集まってできた清流だ。豊かな自然環境が今も残されており、さまざまな水辺の生きものも見られる。この先は前田川沿いの舗装路を歩いていこう。国道134号の前田橋交差点に出れば、前田橋バス停は目の前である。

衣笠山公園～大楠山
N
0
1km
逗子へ
安針塚駅へ
横須賀IC
畠山
205
安針塚駅から県立公園を越えて大楠めざすコース
葉山町
横浜横須賀道路
塚山・阿部倉コース
池上(七)
池上十字路
池上(六)
池上(五)
池上(四)
葉山へ
水源地入口
新善光寺
黄金坂橋
上山口
上山口小
27
杉山神社
木古庭
大楠登山口
湘南国際村駐車場付近から大楠山をめざすコース。大楠山までは広々とした舗装路を歩き、大楠山山頂へは階段を上っていく
下山川
217
不動滝
総合研究大学院大
湘南国際村つつじが丘
葉山国際CC
湘南国際村
湘南国際村(一)
見る 横須賀しょうぶ園
WC
3 阿部倉側登山口
急な階段
15分
横須賀PA
しょうぶ園
20分
WC
5 大楠山山頂
湘南国際村コース
15分
2 横須賀しょうぶ園駐車
大楠山から前田橋側へ下って尾形瀬橋を渡ると前田橋コースの終点に至る
大楠山の山頂広場にはベンチが整備され、のんびり昼食をとる人たちも多い
大楠山レーダー雨量観測所
大楠平
242
WC
4 衣笠城址分岐
横須賀PA
子安
葉山へ
久留和
横須賀市
前田川
6 前田橋側登山口
前田橋コース
50分
立石
秋谷(三)
WC
正行院
15分
秋谷
大楠芦名口コース
前田橋バス停
ゴール
浄楽寺
芦名
芦名(二)
大楠小
大楠芦名口
大楠芦名口と大楠山を結んでいるルート
扇山
101
長坂(四)
芦名(一)
三浦縦貫道路
太田和(四)
佐島入口
長坂(三)
134
荻野小
太田和(三)
佐島(二)
佐島(一)
天神島
横須賀市民病院
横須賀市民病院
佐島漁港
一騎塚
林
富士見小
林交差点

西海岸の景勝地や古刹をたどり、天神島の海で貴重な自然にふれる

立石公園から佐島漁港へ

上：歌川広重が『相州三浦秋屋の里』で描いた立石海岸。梵天の鼻と呼ばれる岩場が海に突き出している　左：梵天の鼻の下に広がる磯は釣りや磯遊びに人気　右：高さ12m、周囲30mの巨岩「立石」

アクセス

行き 東京駅からJR横須賀線で約1時間2分の逗子駅下車。京急バス長井行きなどに乗り換えて約21分の立石バス停下車。

帰り 大楠芦名口バス停から京急バス逗子駅行きで約30分の終点下車。往路を戻る。

問合せ先

横須賀市観光案内所☎046-822-8301
京浜急行バス逗子営業所
☎046-873-5511

スタート 立石バス停
← 徒歩1分
❶ 立石公園
← 徒歩8分
❷ 若命家長屋門
← 徒歩8分
❸ 浄楽寺
← 徒歩20分
❹ 十二所神社
← 徒歩25分
❺ 天神島臨海自然教育園
← 徒歩8分
❻ 佐島漁港
← 徒歩30分
ゴール 大楠芦名口バス停

歩行時間 約1時間40分
歩行距離 約6km
歩数 約8000歩

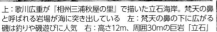

34 立石公園から佐島漁港へ

前島密の胸像が、菩提寺の浄楽寺門前に立つ。前島密ゆかりの「感謝葉書」も販売されている

和田義盛とその妻が発願した運慶作の仏像が安置される浄楽寺。鎌倉武士の心が感じ取れるAR歴史マンガやVRも公開されている

「立石」が目の前に見える立石公園。散策路も整備されている

秋谷の名主だった若命家の長屋門。奥は氏神様を祀る秋谷神明社

国道134号の立石バス停から海岸へ向かおう。長者ヶ崎方向へ少し戻ると、地名の由来となった高さ12m、周囲30mの巨岩「立石」が波打ち際に見える。磯の周辺と巨岩を正面に見る海岸線は❶**立石公園**《たていしこうえん》として開放されており、海を見ながら散策や休憩ができる。富士山がくっきりと姿を現す晩秋から冬にかけて、夕日を撮影に訪れるカメラ愛好家も多い。

国道を佐島方面へ歩こう。秋谷交差点の左手に秋谷の鎮守である秋谷神明社の石柱が立ち、石段の先には拝殿に続く鳥居が見える。鳥居わきにあるのは、市民文化資産指定の❷**若命家長屋門**《わかめいけながやもん》だ。江戸末期に建てられたという長屋門は漆喰となまこ壁、瓦葺き屋根、左側に納屋、米蔵、右側に畳部屋が付属するという重厚な佇まいである。

国道を進むと、間もなく❸**浄楽寺**《じょうらくじ》だ。鎌倉殿の13人の一人、和田義盛と妻が発願した日本彫刻史最盛期の仏師運慶が造像した阿弥陀三尊像・開運毘沙門天像・厄除湯動明王像（いずれも国指定重要文化財）が安置される。本堂裏手の富士をかたどった墓には郵便の父・前島密夫妻が眠る。

COLUMN

西海岸夕日のスポット

三浦半島西海岸には立石海岸、秋谷海岸、佐島など、夕日の美しい鑑賞スポットが多い。とくに晩秋から冬にかけて、正面に富士山が浮かび上がる夕映えの風景は美しい。コース終盤に夕日スポットを組み込むと感動もひとしお。

天神島には海岸特有の植物も多数見られる。5〜6月には、淡いピンク色のハマヒルガオが砂浜を彩る

サブコース

＊立石公園の駐車場の南側には秋谷海岸が広がっている。駐車場から国道を歩かず、立石公園の景観を振り返りながら、秋谷海岸の浜辺を歩くのもおすすめ。海水浴不可の浜なので混雑もなく、車の往来に気を使わず、のんびり散策気分で歩くことができる。

ヒント

＊立石公園から浄楽寺までは国道134号を歩く。歩道が狭いところや横断歩道を渡るところでは、車の往来に十分注意したい。スタート地点の立石公園では散策路にベンチ、駐車場にトイレが整備されている。天神島ではビジターセンター内のトイレが利用できる。

DATA 浄楽寺運慶仏拝観　国重文の運慶仏は毎年3月3日、10月19日に特別開帳、200円。それ以外は予約拝観、10〜15時、500円。雨天中止。https://www.jorakuji-jodoshu.com/

国道134号へ向かう途中、ベンチも整備されている佐島の丘公園で小休止しよう

天神島では、観察路を散策しながら貴重な海岸動植物を見ることができる。天神島ビジターセンターにも立ち寄ってみよう

「吾妻鏡」にも登場する古社、十二所神社で安産祈願を

こちらも安産、縁結びにご利益がある淡島神社

国道を渡り、海へ向かう道を進むと、大楠小学校正門前に城山《じょうやま》と呼ぶ高台があり、このあたりが三浦氏ゆかりの芦名城址と伝えられる。さらに進むと右手の高台に❹**十二所神《じゅうにしょじん》社《じゃ》**が見える。源頼朝が北条政子の安産祈願のために使者を参拝させたと伝わる神社だ。この先には、縁結び、航海安全の神社として古くから地元の信仰を集める淡島神社がある。「水が抜けるように安産」の願いを込め、底抜け柄杓《びしゃく》の柄に麻を結んで奉納する祭礼が毎年3月3日の桃の節句に行われる。

海岸のヨットハーバー沿いに進み、天神島へ通じる天神橋を渡ると右手が❺**天神島臨海《てんじんじまりんかい》自然教育園《しぜんきょういくえん》**だ。天然記念物にもなっている天神島とその沖合い200mにある笠島周辺には火山灰などを含んだ黒っぽい岩礁が広がっている。海浜植物や海岸動物も多く、夏には、この地を北限とするハマオモト(ハマユウ)が咲く。観察路をめぐり、伊豆半島や伊豆大島などを望む開放的な景観を楽しみたい。

帰りは新鮮な魚が水揚げされる❻**佐島漁港《さじまぎょこう》**、新しい住宅が並ぶ「湘南佐島なぎさの丘」を経て、大楠芦名口バス停から逗子駅へ戻ろう。

COLUMN

天神島は生きた博物館

ハマオモト(ハマユウ・写真)の北限の生育地として知られる天神島は、ほかにもハマボウ、ハマダイコンなど海浜植物や海岸動物も数多く、巨大噴火の痕跡も見られるなど、貴重な自然海岸だ。磯では海藻類も見ることができる。

天神島の対岸には佐島漁港が広がる。新鮮な魚介が手に入る直売店もあるので、帰りにのぞいてみよう

DATA 天神島臨海自然教育園・天神島ビジターセンター　9～17時(10～3月は～16時30分)、月曜休(休日の場合は翌日)、入園無料。自然観察会などの開催については横須賀市自然・人文博物館HPで確認できる。☎046-856-0717

みちくさ

買う 丸吉商店《まるよししょうてん》

目の前の佐島漁港から水揚げされたばかりの鮮度抜群の魚が店先へ直行する。店頭に並ぶ魚はその日の漁によって違うが、鮮魚、活魚のほか、水槽にはサザエ、アサリなど貝類も豊富に並ぶ。魚の下処理、三枚おろしなどにも対応してくれる。8時～16時30分、火曜休(季節、天候で変動)。☎046-857-2727

みちくさ

見る 天神島ビジターセンター《てんじんじまびじたーせんたー》

天神島臨海自然教育園に隣接する施設で、自然環境学習や海岸・海洋生物、海岸地形などの研究拠点となっている。館内では、天神島の動植物の生態写真、海藻、貝類などの標本、相模湾の魚類の剥製などを見ることができる。毎月、天神島ガイドツアーが行われている。参加費50円、日程は要問合せ。

DATA 天神島臨海自然教育園の保護水域内では、魚介類、海藻、動植物、岩石などを許可なく採集すること、海水浴、笠島への上陸はできないので要注意。

35 ハイキング

横須賀市

県立塚山公園から田浦梅の里へ

旧浦賀道をたどり、観梅名所を訪ねる東京湾眺望ハイキング

東京湾を見下ろす高台に約2000本のウメが咲く田浦梅の里。ウメの木の下に咲くスイセンの花も楽しめる

アクセス

行き 品川駅から京急線特急、または快特で金沢八景駅乗り換え、約48〜58分の安針塚駅下車。

帰り 田浦駅からJR横須賀線で約1時間の品川駅下車。

問合せ先

横須賀市観光案内所☎046-822-8301
田浦観光協会☎046-861-4181
京急ご案内センター☎045-225-9696

スタート 安針塚駅
↓ 徒歩30分
❶ 県立塚山公園
↓ 徒歩15分
❷ 十三峠
↓ 徒歩30分
❸ 太田坂
↓ 徒歩15分
❹ 田浦梅の里
↓ 徒歩15分
❺ 展望台
↓ 徒歩50分
ゴール 田浦駅

歩行時間
約2時間35分

歩行距離
約6km

歩数
約12000歩

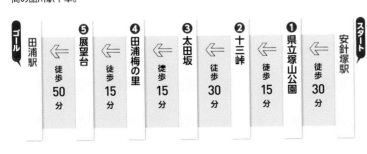

県立塚山公園から田浦梅の里へ

塚山公園には国の史跡である英国人･三浦按針夫妻の供養塔が立つ

春4月、塚山公園にはシダレ、ソメイヨシノなどサクラの種類も多い

塚山公園見晴台からは房総半島や横浜、眼下に横須賀港を望むことができる

塚山公園の港の見える丘。目の前に東京湾が広がる眺望スポットにはベンチも設けられている

京急線の安針塚駅から❶**県立塚山公園**《けんりつつかやまこうえん》をめざそう。ガードをくぐって、上り坂が続く住宅街の舗装路を進み、十三峠方向との分岐を左へ向かう。上りきったところが公園の中央広場である。徳川家康の外交顧問として仕えた三浦按針夫妻の墓がある公園は、標高133mの小高い山の上に広がり、春になるとおよそ880本のサクラが咲き誇る花名所でもある。中央広場を中心に「港の見える丘」、「見晴台」、「富士見台」など、「かながわの景勝50選」にも選ばれた眺望も楽しめる。中央広場南側にある按針夫妻の供養塔(按針塚)には2基の宝篋印塔が立つ。右が按針、左が妻の墓で、国の史跡に指定されている。

按針塚から西へ15分ほど行くと、❷**十三**《じゅうさん》**峠**《とうげ》にさしかかる。この道はもともと、江戸と浦賀の往来に使われていた旧浦賀道と呼ばれる古道で、中でもこのあたりは急な山坂が連続し、道中最大の難所だったという。一方で当時の眺望は素晴らしく、三浦半島へ足を延ばした江戸の浮世絵師・歌川広重は十三峠の山頂に立ち、遠く連なる房総の山々や眼下の海など風光明媚な景観を『浦賀道田浦山中』

COLUMN

交通の要路だった古道「旧浦賀道」

江戸湾防備のために伊豆下田から浦賀へ奉行所が移されたため、戸塚、鎌倉から西の浦賀道と金沢、追浜、十三峠に続く東の浦賀道が整備された。当時の十三峠付近は樹木が覆い茂り、昼なお暗い、さびしい尾根道だったという。

田浦梅の里では2月上旬から3月中旬にかけて、三浦半島で最大規模のウメの花が見頃を迎える

サブコース

＊県立塚山公園からは、三浦半島最高峰の大楠山をめざし、前田川の清流沿いに川の音を聞きながら、三浦半島の相模湾側へ下るコースも設定可能だ。また、田浦梅の里からは、逗子市と葉山町の境界にある上二子山を経て、逗子、葉山方面へ下ることができる。

ヒント

＊コース上の県立塚山公園と田浦梅の里は横須賀市の代表的な花名所。早春の寒梅、陽春の観桜と、それぞれの季節を楽しむプランもおすすめ。「田浦梅の里と長浦港周辺の近代化遺産」、「県立塚山公園とJR田浦駅周辺の鉄道遺産」などの組み合わせも興味深い。

DATA 県立塚山公園さくら祭　例年3月中旬～4月初旬に開催されているさくら祭りは要問合せ。逸見観光協会☎046-822-2575

東京湾が広がる展望台からの眺望が見事

梅林と芝生広場の向こうに展望台が立つ

江戸と浦賀の往来に使われた最大の難所がこの十三峠。今は急な階段を下る

広い空とウメの花に包まれた天空の梅林散策路。気持ちのいい風景が広がっている

に描いた。峠道をさらに進むと、左手の急な下り階段の降り口に「浦賀道」と書かれた白い道標が立っている。ここは❸**太田坂**《おったざか》と呼ばれ、かつては昼なお暗い、急な坂道が続いていたという。急な階段を下りきって左折すると、間もなく❹**田浦梅**《たうらうめ》**の里**《さと》の入口である。

竹林に沿った長い階段を上って頂上へ向かおう。最後の一段を上りきると、目の前には薄桃色の花景色が広がっている。さえぎるもののない青空の下、馥郁としたウメの香りに包まれながら石畳の散策路をめぐれば、階段を上ってきた疲れも一気に吹き飛ぶようだ。山麓から頂上にかけて植えられたウメは2月上旬から3月中旬にかけて見頃を迎え、その根元には多数のスイセンも咲く。梅林の先へ進むと、芝生広場が広がっている。振り返ると、満開の梅林越しに、港の風景がよく見える。芝生広場の奥の❺**展望台**に上ってみよう。大型船が行き交う東京湾やはるか房総半島も広々と見えている。

ウメと眺望を満喫したら、帰路は田浦青少年自然の家を経て山麓への階段を下り、国道16号線に出てJR田浦駅まで歩こう。

COLUMN

県立塚山公園と三浦按針

徳川家康の外交顧問として信任を得た英国人ウィリアム・アダムスは現在の横須賀市西逸見町、東逸見町に250石を所領し、三浦按針を名乗った。塚山公園では毎年4月上旬、按針の遺徳を偲ぶ三浦按針祭観桜会が開かれる。

梅の里から下る山の斜面にもウメが咲く風景が広がる

DATA 田浦梅林まつり　田浦梅の里では例年、開花期間中にイベントを開催。花の見頃はスイセン1月中旬〜2月中旬。ウメ2月中旬〜3月上旬。管理事務所☎046-861-5945、田浦観光協会☎046-861-4181

みちくさ

見る 海上自衛隊第2術科学校／歴史保存エリア《かいじょうじえいたいだいにじゅつかがっこう／れきしほぞんえりあ》

旧海軍水雷学校跡地にある海上自衛隊第2術科学校には海上自衛隊創設資料室、海軍機関術参考資料室が併設され、海上自衛隊創設までの歴史や機関術関連などの貴重な資料を保存展示している。歴史保存エリアでは海軍や海上自衛隊ゆかりの地碑や時鐘などを見ることができる。一般見学は予約が必要。

みちくさ

見る 田浦梅の里《たうらうめのさと》

「かながわ花の名所100選」にも選ばれている三浦半島最大のウメの名所。南高、白加賀、豊後など約2000本のウメの花が東京湾を眺望する見晴らしのよい丘の上に咲く。園内の芝生広場でお弁当を広げ、開放的な眺望を楽しめる。アスレチック広場、キャンプ場も併設されているので、家族連れの姿も多い。

DATA 海上自衛隊第2術科学校／歴史保存エリア　機関術参考資料室では旧海軍機関学校にゆかりの深い資料、約6000点以上を展示。一般見学は2週間前までに申し込む。☎046-822-3500　内線6113

武山山頂のアゼリアハウス屋上展望台から眺望する景観。目の前には横須賀リサーチパークが広がる

36 ハイキング

横須賀市

三浦富士から武山へ

広々と畑が広がる山里の道を歩き、眺望と自然を満喫する丘陵ハイク

アクセス

行き 品川駅から京急線特急、または快特で約1時間3～13分の京急長沢駅下車。

帰り 津久井浜駅から京急線快特で約1時間の品川駅下車。

問合せ先

横須賀市観光案内所☎046-822-8301
北下浦観光協会☎046-848-0411
京急ご案内センター☎045-225-9696

スタート 京急長沢駅
← 徒歩45分
❶ 三浦富士山頂
← 徒歩25分
❷ 見晴台
← 徒歩10分
❸ 砲台山(大塚山)
← 徒歩20分
❹ 武山
← 徒歩40分
❺ 津久井浜観光農園
← 徒歩30分
ゴール 津久井浜駅

歩行時間 約2時間50分

歩行距離 約8㎞

歩数 約16000歩

標高183mの三浦富士山頂には浅間神社奥宮が祀られている

三浦富士手前でお地蔵様が迎えてくれる。この先から急な階段を上る

浅間神社の最初の鳥居をくぐって三浦富士をめざす

三浦富士の麓に広がる農村風景。イチゴ狩りができるビニールハウスも点在する

京急長沢駅北側の駅前広場を左手へ進み、住宅街を右折したら長沢殿前公園が目の前に見える。公園前の緩やかな上り坂を左手へ進むと津久井小学校だ。小学校の校庭を右手に回り込むようにしてしばらく進むと浅間神社の鳥居が現れる。参道の階段から緩やかな上りの道を進んでいくと、ほどなく津久井浜方面からの道と合流する。ここから右手へ進み、三浦富士山頂をめざそう。樹林に囲まれた緩やかな山道が続き、一体の地蔵菩薩の姿を見つけたら山頂は近い。お地蔵様の背後から傾斜のきつい階段を上りきると標高１８３mの❶**三浦富士山頂**《みうらふじさんちょう》である。

山頂部には浅間神社奥宮が祀られており、歴史を刻んだ石の祠に地元の人たちの篤い信仰を偲ぶことができる。山頂は南側が開けており、相模湾方面、反対側からは樹木の間から東京湾や房総半島が眺められる。

山頂から階段を下ると、尾根伝いに雑木林の中を上り下りするコースになる。途中、南へ下る津久井浜観光農園への分岐を分け、広い砂利道を左方向へ進むと休憩もできる❷**見**《み》**晴台**《はらしだい》がある。この先、左右に分かれる分岐を

農産物の産地で知られる三浦市。津久井にはミカン農園が点在し、10月上旬から11月下旬までミカン狩りを楽しめる

COLUMN

山岳信仰の山・三浦富士

浅間神社奥宮である三浦富士山頂では、山開きの7月8日に富士浅間神社の分霊を祀る石祠の前で伝統の護摩祈祷が行われ、多くの参拝者が訪れる。三浦富士を富士山に見立て、家内安全、大漁祈願などを願う山岳信仰である。

サブコース

＊ツツジが咲く季節には、武山からは一騎塚方面へ下るコースもおすすめだ。花を観賞しながら参道を下り、県道26号線の一騎塚バス停から横須賀中央駅へ向かう。津久井浜観光農園での味覚狩りには砲台山手前から津久井浜観光農園へ下るオレンジルートが近い。

ヒント

＊武山のツツジ鑑賞や観光農園の味覚狩りを同時に楽しめるのがこのコースの特徴。ツツジは参道沿いと寺のある山頂部の群生地で迫力の花景色を見ることができる。津久井浜観光農園では、イチゴ狩り、ミカン狩り、サツマイモ掘りなど季節の味覚が楽しめる。

武山山頂にある休憩所・アゼリアハウス屋上の展望台からツツジ群落がよく見える

お不動様の赤い幟がはためく武山不動尊参道

砲台山に残された砲台跡。中央部に高角砲が据えつけられていた

砲台山へ行く途中にある見晴台。三浦半島の端まで広々と見渡せる。ハイキングコースの中間地点なのでゆっくり休憩しよう

右手へ行くと5分ほどで❸**砲台山《ほうだいやま》(大塚山《おおつかやま》)**だ。電波塔のそばに、昭和初期に海軍が造ったすり鉢状の砲台跡が残されている。

元の分岐へ戻り、武山方面へ進もう。なだらかにアップダウンする山道を行き、無線中継塔のフェンスのわきを上ると、武山不動尊で知られる❹**武山《たけやま》**である。

古くから地元漁師が漁場の位置や港の方向を知る目印にしてきた山であり、武山不動尊も豊漁や海上安全を願う地元漁師から篤い信仰を受けてきた。現在も1月28日の初不動は、多くの人で賑わう。武山はツツジの名所でも知られ、5月上旬には山頂を中心に2000本のツツジが咲き乱れる。ツツジ群落の中央にある休憩所には屋上展望台が設けられ、標高200m、360度の展望が楽しめる。

不動尊の境内から山道を下っていくと、❺**津久井浜観光農園《つくいはまかんこうのうえん》**の案内所がある。帰りの時間に余裕があれば、季節のくだもの狩りを楽しんでいこう。春はいちご狩り、秋はみかん狩り、さつまいも掘りに多くの人が訪れる。帰路は、津久井川沿いの遊歩道を散策しながら、津久井浜駅をめざそう。

みちくさ

買う 体験

津久井浜観光農園

つくいはまかんこうのうえん

三浦半島はミカン、イチゴ、サツマイモなど農産物の産地だ。武山の麓のハイキングコース沿いにはたくさんの農園が点在し、春と秋は味覚狩りが楽しめる。期間中オープンする案内所では、農家が作った朝採れの野菜や自家製の漬物、ジャムなどの直売も行う。9〜15時、期間は要問合せ。☎046-849-4506

COLUMN

航海安全を祈願する武山不動尊

武山の不動尊として親しまれる持経寺武山不動院は、三浦半島二十八不動尊霊場一番札所である浄土宗の古刹。航海安全の浪切不動として知られる。1月28日の「初不動」では本尊の不動明王がご開帳され、参詣の人々で賑わう。

DATA 武山初不動　毎年1月28日、武山不動の本尊・不動明王がご開帳となり、無病息災を願う人々で賑わう。露店では名物の笹についた麩菓子を販売。武山観光協会☎046-856-3157

三浦富士〜武山
三崎街道
26
武(五)
武(四)
武(三)
竹川
林(三)
一騎塚方面へ下る武山不動尊の参道。一騎塚バス停までは30分ほど
一騎塚
富士見小
武山中
砲台跡まで往復する道。途中、サーチライトが取り付けられていたという塔が2本立っている
三浦半島南端まで眺望できる展望地だ
NTT研究開発センター
横須賀リサーチパーク
横須賀市
武山不動尊
4 武山
WC
200
20分
10分
3 砲台山(大塚山)
2 見晴台
山頂からは三浦半島の東西に広がる東京湾と相模湾が望める
1 三浦富士山頂
オレンジロードの分岐
25分
183
武山山頂のアゼリアハウス。展望台の下に休憩所があるので休んでいこう
お地蔵様を過ぎたあたりから急な階段を上る
八幡神社
40分
ミカン農園
横須賀警察犬訓練所
円乗院
津久井(五)
左は観光農園、右は三浦富士への分岐
津久井公園
WC
5 津久井浜観光農園
買う
体験
春と秋に味覚狩りが楽しめる大型観光農園
浅間神社の鳥居をくぐる
津久井小
長沢殿前公園
東光寺
30分
45分
WC
三浦市
高田橋
ここから津久井川沿いの遊歩道へ
津久井川遊歩道
津久井(三)
津久井(四)
下田橋
スタート
京急長沢駅
京浜急行久里浜線
三峰神社
のどかな畑風景を眺めながら、津久井川沿いの遊歩道を歩く
駅裏の駐車場奥に立つ神社は、浅間神社里宮
津久井浜高
浅間神社
ゴール
津久井浜駅
WC
津久井(二)
久里浜へ
津久井川
日枝神社
津久井(一)
金田湾
134
津久井浜水浴場
旭小
N
0
500m
三浦海岸
三崎口へ
三浦海岸へ

37 史跡・公園

横須賀市

浦賀からくりはま花の国へ

黒船ゆかりの港町で開国当時の面影をたどり、花の咲く丘をめぐる

広々とした地形を生かして春はポピー、秋はコスモスが咲き乱れるくりはま花の国

アクセス

行き 品川駅から京急線特急、または快特で堀ノ内駅乗り換え、約1時間〜1時間7分の浦賀駅下車。

帰り 京急久里浜駅から京急線快特で約53分の品川駅下車。

問合せ先

横須賀市観光案内所☎046-822-8301

京急ご案内センター☎045-225-9696

スタート 浦賀駅

← 徒歩30分

❶東叶神社

← 徒歩5分

❷浦賀の渡し東渡船場

← 船3分・徒歩3分

❸西叶神社

← 徒歩40分

❹燈明堂

← 徒歩35分

❺開国橋

← 徒歩10分

❻ペリー公園

← 徒歩20分

❼くりはま花の国第2駐車場

← 徒歩60分

京急久里浜駅 ゴール

歩行時間

約3時間25分

歩行距離

約10km

歩数

約20000歩

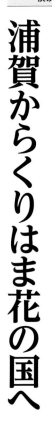

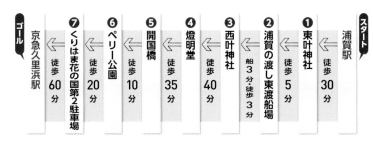

風情がある浦賀の渡し東渡船場

西叶神社の社殿には見事な彫刻が見られる。ゆっくり参拝しよう

「浦賀の渡し」航路は「浦賀海道」と名づけられた全国でも珍しい水上市道

緑深い明神山を背景に立つ東叶神社は西岸の西叶神社と浦賀の渡しで結ばれている。どちらも願いが叶う「叶神社」である

浦賀駅前から浦賀ドックを回りこむように、観音崎通りを左へ進み、新町バス停の近くで右手の細い道へ入る。小さな待合室のある浦賀の渡し東渡船場を右に見ながら❶**東叶《ひがしかのう》神社《じんじゃ》**へ立ち寄り、参拝していこう。対岸にある西叶《にしかのう》神社と向かい合う位置にあり、東西で一対になっているともいわれる神社だ。社殿に上る石段の両脇には、源頼朝が伊豆から移植奉納したというソテツが青々と生育している。また、境内には咸臨丸で太平洋横断をする前の勝海舟が水ごりした井戸も残されている。

参拝を済ませたら❷**浦賀《うらが》の渡《わた》し東渡船場《ひがしとせんじょう》**へ戻り、対岸へ渡ろう。近くには、幕末期に吉田松陰や桂小五郎、浮世絵師の歌川広重なども宿泊した徳田屋跡の碑を見ることもできる。のんびりとした風情の渡船だが、江戸時代から続いている生活に欠かせない交通手段で、呼び出しボタンを1回押すだけで、すぐにやってきてくれるのがうれしい。ほんの3分ほどの船旅だが、浦賀ドックの跡地を海から眺めることができるのも新鮮だ。対岸の西渡船場で船を降りたら、❸**西叶神社《にしかのうじんじゃ》**へ参拝しよう。社殿を取り巻く230を越える彫刻は安

COLUMN

浦賀の渡しは江戸時代から操業

江戸時代からおよそ300年もの間、操業されている渡船は浦賀の東と西の生活を結ぶ貴重な交通手段だ。江戸時代の御座船をイメージした船はブザーを押せば、すぐにやってくる。片道200円。運航は昼休み12～13時を除く7～17時。

東叶神社で売られているお守り袋に、西叶神社で売られている勾玉を入れて持つと良縁が叶うといわれる

サブコース

＊このコースでは最後の立ち寄り先にした「くりはま花の国」だが、ポピー、コスモスなどが見頃の季節には久里浜駅からスタートし、花を楽しむ時間をたっぷりとり、後半で浦賀の神社に参拝し、開国のまちを散策、浦賀駅まで戻る逆コースもおすすめしたい。

ヒント

＊浦賀駅を起点に浦賀港の東と西をじっくりめぐる街歩きは、日本開国に重要な役割を果たした地を知る絶好のコースである。造船の歴史を伝える浦賀ドック跡のスケールの大きさを実感し、対岸にある2つの叶神社を昔ながらの浦賀の渡しで結んで参拝してみよう。

DATA ペリー公園　24時間開園、無休、無料。／ペリー記念館　9時～16時30分、月曜（祝日の場合は翌日）・年末年始休、無料。☎046-834-7531／浦賀の渡し　ミウラ総建☎046-841-1509

ペリー公園の広場に、白い錨のモニュメントとともに大きな上陸記念碑が立つ

燈明崎には1648年から220年間、航路の安全を守った燈明堂が復元されている

戦後、引き揚げ港としての役割を果たした浦賀の陸軍桟橋

開国橋の向こうに広がるのは久里浜港。橋を渡って、ペリー公園、くりはま花の国をめざそう

房の彫刻師の手になるもので見ごたえがある。

海岸通りに戻ったら陸軍桟橋を左手に見ながら燈明崎へ向かおう。川間トンネル手前を左折すると、東京湾に突き出した岬の先に、江戸時代に灯台の役割を果たした❹**燈明堂**《とうみょうどう》が復元されている。石垣の上に2階建ての建物があり、ここから灯心と菜種油で海上7㎞を照らしたという。燈明崎には小さな砂浜が広がり、浦賀水道を眺めながら休憩もできる。

元の道へ戻り、西へ進むと目の前に広がるのは久里浜湾だ。ペリー通りと名づけられた道を進み、❺**開国橋**《かいこくばし》を渡ると砂浜沿いの遊歩道になる。間もなく、右手に見えてくるのが❻**ペリー公園**《こうえん》である。園内には市指定重要文化財のペリー上陸記念碑、ペリー来航の資料を展示するペリー記念館がある。

帰りは、❼**くりはま花**《はな》**の国**《くに》**第**《だい》**2駐車場**《ちゅうしゃじょう》から久里浜港を見下ろす丘の上をめざそう。花の国の園内散策にはおよそ2・4㎞、40分ほどが見込まれる。春のポピー、秋のコスモスが開花する季節に訪れてみたい花名所である。

散策後は、第1駐車場を経て京急久里浜駅に向かおう。

みちくさ

見る くりはま花の国

くりはまはなのくに

ポピー・コスモス園、春から秋にかけてラベンダーやセージ類が見頃になるハーブ園など、自然や花を堪能できる公園。展望台のある芝生広場や東京湾を一望する「天空BBQ」（事前予約）なども併設。開花期には、ポピーまつり（4月上旬～5月下旬）、コスモスまつり（9月中旬～10月下旬）も開催。

COLUMN

日本開国への扉を開いたペリー

ペリー公園はペリー上陸の地を記念して造られたもの。広場には伊藤博文の筆による上陸記念碑が立つ。公園奥の記念館（写真）では、黒船の概要を描写した古書など貴重な資料を展示。開国当時の様子を改めて知ることができる。

DATA　くりはま花の国　24時間開園、無休、無料／ハーブ園　9時～17時30分（11～3月は～17時）☎046-833-8282

浦賀〜くりはま花の国
N
0
500m
堀ノ内へ
京浜急行本線
浦賀IC
浦上台
横浜横須賀道路
桜ケ丘
浦賀町
二葉
小原台
スタート
WC
浦賀駅
吉田松陰や桂小五郎、歌川広重も泊まった旅館跡
東浦賀町
徳田屋跡
吉井
30分
観音崎通り
新町
鴨居
このあたりから港町らしい浦賀の町並みと深い入江が見えてくる
併設の郷土資料館では、浦賀奉行所関連の資料やペリー艦隊の模型などを展示
浦賀コミュニティセンター分館（郷土資料館）
1 東叶神社
渡船「愛宕丸」の定員は12人。片道200円
浦賀の渡し西渡船場
3分
3 西叶神社
5分
2 浦賀の渡し東渡船場
北久里浜へ
京浜急行久里浜線
愛宕山公園
陸軍桟橋
舟倉
浦賀港
漁協
為朝神社
衣笠へ
JR横須賀線
太平洋戦争終了後、56万人もの引揚者を受け入れた浦賀港の桟橋。引揚記念の碑も立つ
浦賀奉行所跡
シティマリーナヴェラシス
40分
燈明崎
ゴール
久里浜
浦賀署
京急久里浜駅
WC
川間トンネル
燈明崎
平作川
眺望を楽しみながら休憩ができる燈明崎。ベンチや小さな砂浜もある
4 燈明堂
消防総合訓練センター
千代ヶ崎
35分
長瀬
134
神明公園
高低差があり、面積も広いくりはま花の国では、園内をフラワートレインやフラワーバスが運行している
5 開国橋
10分
ペリー通り
YRP野比へ
神明町
60分
ペリー記念館
WC
久里浜港
見る
WC
7 くりはま花の国第2駐車場
6 ペリー公園
ポピー・コスモス園
ハーブ園
WC
20分
WC
くりはま花の国
ペリーの名前がついた海岸沿いの遊歩道

38 海

横須賀市

走水海岸から観音崎へ

世界の船が行き交う東京湾を眺め、日本初の洋式灯台が立つ自然公園をめぐる

日本初の洋式灯台である観音埼灯台。現在の灯台は大正14年（1925）に建て替えられた三代目に当たり、約35km先まで光を届けることができるという。内部参観できるので上ってみよう

アクセス

行き 品川駅から京急線特急、または快特で堀ノ内駅乗り換え、約57分～1時間4分の馬堀海岸駅下車。

帰り 鴨居バス停から京急バス浦賀駅行きで約10分の終点下車。京急線に乗り、堀ノ内駅で快特に乗り換えて約53分の品川駅下車。

問合せ先

横須賀市観光案内所☎046-822-8301

京急ご案内センター☎045-225-9696

京浜急行バス堀内営業所

☎046-822-5711

スタート 馬堀海岸駅
← 徒歩35分
❶ 走水水源地
← 徒歩20分
❷ 御所ヶ崎
← 徒歩10分
❸ 走水神社
← 徒歩10分
❹ 観音崎ボードウォーク
← 徒歩8分
❺ 横須賀美術館
← 徒歩60分
❻ 観音埼灯台
← 徒歩20分
❼ 観音崎自然博物館
← 徒歩15分
ゴール 鴨居バス停

歩行時間
約3時間

歩行距離
約8.5km

歩数
約17000歩

観音崎ホテルの海側を回りこむようにボードウォークが整備されている。途中、ベンチのある休憩スポットもある

境内には湧水も見られる走水神社。深さ30mから湧く水は手水舎でいただく

護岸に造られた遊歩道が国道16号沿いに続く。潮風を浴びながら歩いて行こう

走水水源地のレンガ造り貯水池は国登録有形文化財

馬堀海岸駅から横浜横須賀道路の下をくぐり、国道16号に突き当たると目の前に東京湾が広がる。「うみかぜの路」と名づけられた海辺の道を走水方向へ歩こう。左手に走水海岸が見えてくると、間もなく❶**走水水源地**《はしりみずすいげんち》だ。明治9年の築造以来、枯れたことがないという走水の湧水は今も市民の貴重な水源だ。水源地の駐車場わきには湧き出した水を自由に飲める水栓が設置され、汲みに来る人々も多い。道の反対側には、軍港水道用に造られたというレンガ造りの貯水池が今も残っている。

元の道へ戻り、緩やかな坂を上っていくと、走水小バス停前に破崎緑地と表示された展望スポットがある。ここから緩やかに道を下ると、走水港の北側に突き出た❷**御所ヶ崎**《ごしょがさき》だ。江戸時代には江戸湾防備のための番所が設けられ、明治初期には陸軍の砲台が置かれた。常に歴史の重要地点として役割を果たしてきた岬である。多数の釣り船が浮かぶ走水港まで来たら、日本武尊とその后を祭神とする❸**走水神社**《はしりみずじんじゃ》に参拝してから観音崎へ向かおう。

観音崎京急ホテルの手前を左折し、海に面した❹**観音崎**《かんのんざき》**ボードウォーク**を、潮の香りに

観音埼灯台では使用されなくなった設備の一部を屋外展示。これはモーターサイレンで音を発した霧信号吹鳴器

COLUMN

多彩に楽しめる観音崎公園

観音崎公園は総面積70ha。岩礁海岸に囲まれた丘陵地には豊かな照葉樹の森が広がっている。砲台跡などの歴史遺構、東京湾シップウォッチング、灯台見学、美術鑑賞、磯遊び、花と緑の散策など楽しみ方が満載の公園だ。

サブコース

＊横須賀美術館や観音崎公園での滞在時間を延ばすため、観音崎バス停をウォーキングの起終点とするのも一案。また、横須賀美術館裏手から観音崎の森へ続く遊歩道を通り、公園西側に広がる花の広場、森の広場などを経て、灯台や海沿い方面へ歩くのもおすすめ。

ヒント

＊観音崎公園には森から海へと続く多様な自然環境に加え、東京湾防備のために造られた砲台の跡など軍事遺構も数多く点在。海辺から谷、尾根をつないで整備されている遊歩道をめぐり、自然と歴史、横須賀美術館ではアート鑑賞とさまざまなテーマで楽しみたい。

DATA　うみかぜの路　横須賀市のJR横須賀駅から馬堀海岸、観音崎へ至る約10kmを結んだ遊歩道。途中、ヴェルニー公園、三笠公園、うみかぜ公園、海辺つり公園、馬堀海岸道路、走水水源地、県立観音崎公園などが点在する。

砲台跡とともに、観音崎が要塞地帯だった歴史を偲ばせるトンネルも残っている

観音崎公園には明治時代に東京湾防備のために建設された砲台跡が点在している

観音埼灯台下の屋外展示。灯台内にも灯台資料展示室が併設されている

横須賀美術館の屋上広場から見ると、東京湾がよりいっそう大きく見える。シップウォッチングもこのコースの楽しみだ

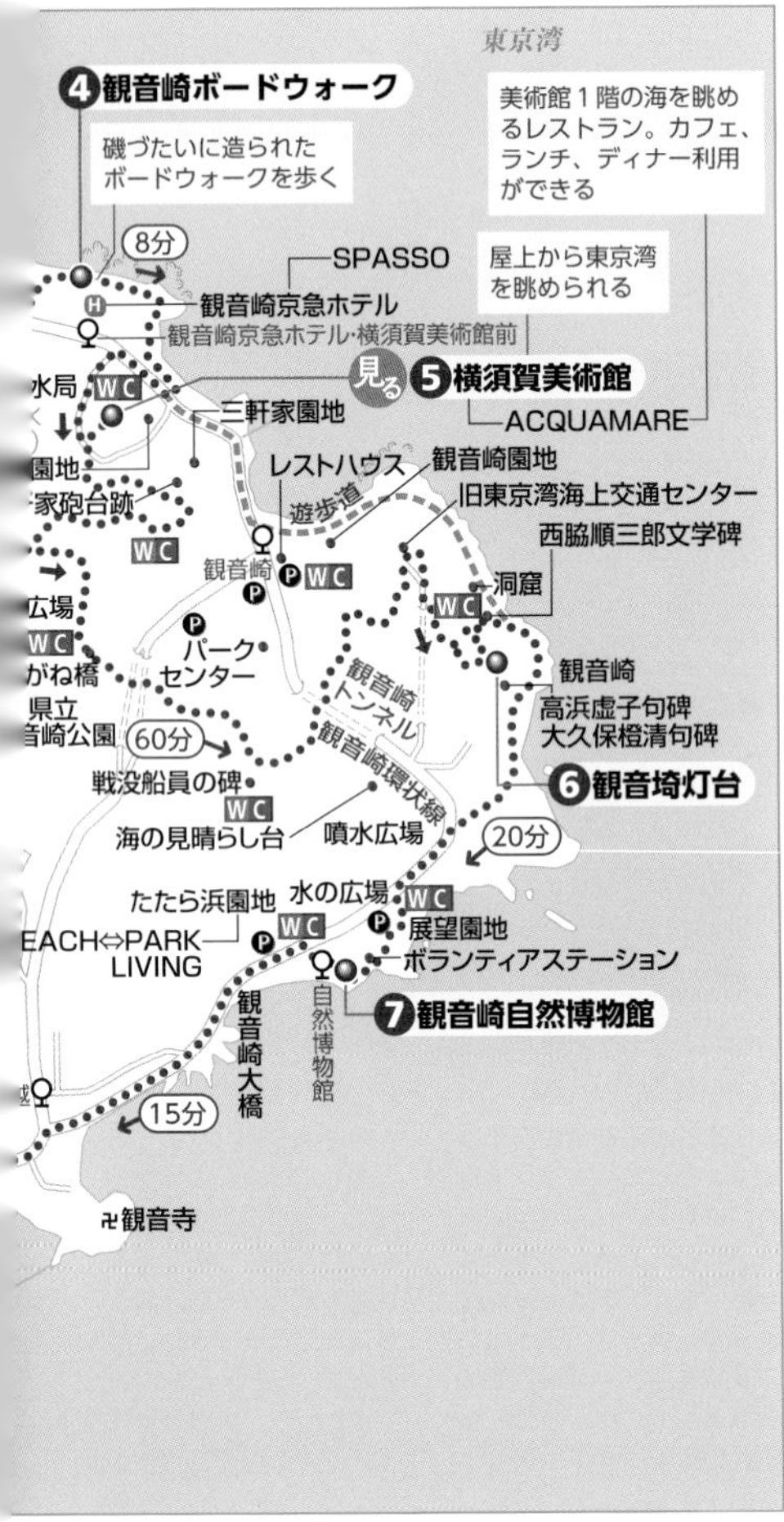

東京湾
❹観音崎ボードウォーク
磯づたいに造られたボードウォークを歩く
8分
SPASSO
観音崎京急ホテル
観音崎京急ホテル·横須賀美術館前
美術館1階の海を眺めるレストラン。カフェ、ランチ、ディナー利用ができる
屋上から東京湾を眺められる
見る
❺横須賀美術館
ACQUAMARE
三軒家園地
レストハウス
観音崎園地
遊歩道
旧東京湾海上交通センター
西脇順三郎文学碑
観音崎
洞窟
観音崎
高浜虚子句碑
大久保橙清句碑
パークセンター
観音崎トンネル
観音崎環状線
60分
❻観音埼灯台
戦没船員の碑
海の見晴らし台
噴水広場
20分
たたら浜園地
水の広場
展望園地
ボランティアステーション
EACH⇔PARK LIVING
自然博物館
❼観音崎自然博物館
観音崎大橋
15分
観音寺

包まれながら歩こう。途中で国道へ戻り、広い芝生の向こうにゆったりと佇む❺横須賀美《よこすかび》術館《じゅつかん》へ。周囲の自然環境と一体化した建物が美しい。展覧会の予定を調べておき、散策の途中にぜひ立ち寄りたい美術館だ。建物の背後からは観音崎公園をめぐる散策路が延びているので、足を延ばしてみよう。

深い緑に覆われたレンガの道をたどると明治期に造られた三軒家砲台跡にさしかかる。廃墟のように見えるが、貴重な歴史遺構だ。高さ20mの切通に架かるめがね橋を渡り、旧東京湾海上交通センターの白い塔を見ながら、日本最初の洋式灯台である白亜の❻観音埼灯《かんのんざきとう》台《だい》をめざそう。回廊階段で踊り場へ上ると浦賀水道を行き交うたくさんの船が見える。灯台から階段を下って海辺の道へ出よう。右へ行けば❼観音崎《かんのんざき》自然《しぜん》博物館《はくぶつかん》、ボランティアステーションなどのある一角にさしかかる。これらの施設では、観音崎の自然や生き物の知識、情報を得られるのでぜひ立ち寄りたい。

帰りは、海辺の景色を満喫しながら鴨居バス停まで歩き、バスで浦賀駅へ向かおう。

DATA 観音埼灯台　9時～16時30分（土日・祝日等は8時30分～17時）・10～2月は9～16時（土日・祝日等は8時30分～）、天候・検査等により不定休、参観寄付金300円（中学生以上）。☎046-841-0311

みちくさ

見る 横須賀美術館《よこすかびじゅつかん》

「周囲の環境がすべて美術館」がコンセプト。屋上(写真)から開放的な海が眺められ、広場から続く散策路をたどれば、観音崎の森へ足を延ばすことができる。絵画、彫刻など近現代の作品、約5000点を収蔵。10〜18時、毎月第１月曜（祝日は開館）・年末年始休、380円(企画展は別料金)。☎046-845-1211

COLUMN

走水水源地の湧水「ヴェルニーの水」

走水水源地では現在も日量約1000㎥の地下水が取水できるという。この湧水はフランス人技師ヴェルニーの時代に発見されて以来、今もなお枯渇することがない。ミネラル分を多く含む湧水はおいしいことでも知られている。

走水海岸〜観音崎
水源地前の駐車場内に水栓が設置され、水源地の湧水を飲むことができる
東部漁協協同組合
走水大津支所
走水小
走水小
馬堀海岸
馬堀海岸IC
35分
16
WC
伊勢町
20分
走水上町
10分
走水神社
大泉寺
南台
10分
スタート
馬堀海岸駅
堀ノ内へ
馬堀海岸(三)
馬堀海岸
WC
馬堀海岸(四)
ガソリンスタンド
馬堀中
浄林寺
横浜横須賀道路
1 走水水源地
2021年秋から走水水源地を公園として通年開放予定
走水(一)
2 御所ケ
3 走水神社
馬堀小
馬堀中
浦上台(四)
防衛大学校
馬堀自然教育園
小原台
大伴黒主が日本武尊に料理を献上した故事にちなんだ包丁塚がある
浦上台(一)
浦賀IC
浦上台(三)
浦上台(二)
京浜急行本線
「うみかぜの路」で最も標高が高い展望デッキ「破崎緑地」では富士山の絶景も
鴨居(三)
海の見えるBBQ施設（要予約）
浦賀
浦賀駅
1㎞に渡る護岸壁に絵画を展示する「うみかぜ画廊」
鴨居(一)
八幡神社
ゴール
鴨居バス停
東浦賀(一)
横須賀市
N
0
500m
鴨居(二)
浦賀港

DATA 観音崎自然博物館　9〜17時（入館は〜16時30分）、月曜休（祝日の場合は翌日、7〜8月は無休）、500円。観音崎の自然をわかりやすく展示。自然観察会も開催。内容、日程などは要問合せ。☎046-841-1533

39 公園

横須賀市

ヴェルニー公園から三笠公園へ

日本の近代化と軍港の歴史にふれ、港町の賑わいを楽しむ海辺散策

上：噴水の周囲に美しいバラの花壇が配置されているヴェルニー公園。花と軍港の景観がいっしょに楽しめる
右：ヴェルニー公園の開明広場に立つ横須賀近代化の立役者、ヴェルニーの胸像
左：ヴェルニー公園のデッキは人々の憩いの場だ

アクセス

行き 東京駅からJR横須賀線で約1時間15分の横須賀駅下車。

帰り 横須賀中央駅から京急線快特で約44分の品川駅下車。

問合せ先

横須賀市観光案内所☎046-822-8301
京急ご案内センター☎045-225-9696

スタート 横須賀駅
⇐ 徒歩1分
❶ヴェルニー公園
⇐ 徒歩15分
❷汐入桟橋
⇐ 徒歩8分
❸どぶ板通り
⇐ 徒歩20分
❹三笠公園
⇐ 徒歩25分
❺うみかぜ公園
⇐ 徒歩25分
❻平和中央公園
⇐ 徒歩15分
ゴール 横須賀中央駅

歩行時間
約1時間50分

歩行距離
約5.5km

歩数
約11000歩

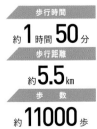

39 ヴェルニー公園から三笠公園へ

米海軍横須賀基地内にあったティボディエ邸を復元。横須賀の近代化を知るための貴重な遺産だ

横須賀ならではの人気の軍港クルーズ。横須賀本港と長浦港をめぐり、ふだん見られない港風景に出合う

ヴェルニーのふるさと、フランス・ブルターニュ地方の住宅を模したヴェルニー記念館

国際色のあるどぶ板通り商店街を歩いてみよう。ここではドルで買い物ができる

園内には旧横須賀軍港逸見門の衛兵詰所も。当時の珍しい建築遺構である

横須賀駅を降りたら、横須賀港に沿って広がる❶**ヴェルニー公園**へ向かおう。慶応年間、横須賀製鉄所（現在は米海軍横須賀基地内）建設の指揮をとったフランス人技師ヴェルニーが園名の由来である。日本の近代化への功績を讃えて園内に開設されたヴェルニー記念館には国内で現存する最古のスチームハンマー2基が展示されている。園内の一角には、2021年5月によこすか近代遺産ミュージアム ティボディエ邸も開館した。横須賀製鉄所の副首長を務めたティボディエ氏の官舎を復元したもので、横須賀の歴史、製鉄所の歩みなどを実物展示や映像で楽しむことができる。

❷**汐入《しおいり》桟橋《さんばし》**からは「YOKOSUKA軍港めぐり」の船が出航している。案内人の解説で海軍港の迫力にふれることができる。

公園から国道16号を渡り、一筋南側の❸**どぶ板通《いたどお》り**へ向かおう。米軍の町として独特の雰囲気のある商店街にはミリタリーグッズの店などが並び、日米が融合した雰囲気が漂う。

三笠公園通りへ入ると、海岸をモチーフにした心地よい遊歩道が続く。水の流れと船の

どぶ板通り入口には横須賀ゆかりの著名人の手形レリーフのガイドがある。探しながら歩くのも楽しみ

COLUMN

すべては横須賀製鉄所から始まった

造船や灯台、製糸工場の建設など、日本の近代産業の発展に大きく貢献したのは、フランス人技術者・ヴェルニーが中心となって造り上げた横須賀製鉄所の存在が大きかった。写真は旧製鉄所で実際に活躍したスチームハンマー。

サブコース

＊うみかぜ公園から海辺つり公園まで海辺の散策を楽しみ、最寄りの堀ノ内駅から帰路につくコースも、潮風を浴びて歩く楽しみなプラン。三笠公園横の桟橋からは猿島行きの定期船も発着しているので、所要約10分の船に乗り、約1時間の猿島島内散策もおすすめだ。

ヒント

＊最後に立ち寄る平和中央公園へは上り坂となるが、基本的に歩きやすい観光メインの散策コースだ。途中、軍港めぐりや新施設のティボディエ邸、記念艦「三笠」の見学、どぶ板通りや汐入駅前のショッピングなどを組み込む場合は、時間配分を考えてプランをつくろう。

DATA ヴェルニー記念館　館内には、旧横須賀製鉄所で使われていた0.5トンと3トンのスチームハンマーが展示されている（コラム写真）。9～17時、月曜（祝日の場合は翌日）・年末年始休、無料。☎046-824-1800

館内では資料展示が行われ、甲板などを見学できる

園内には三笠関連の公式グッズを販売する売店もある

東郷平八郎の像の背後に日本海海戦で活躍した戦艦三笠が保存されている

三笠公園へのアプローチを演出する帆船のモニュメントや女の子の像

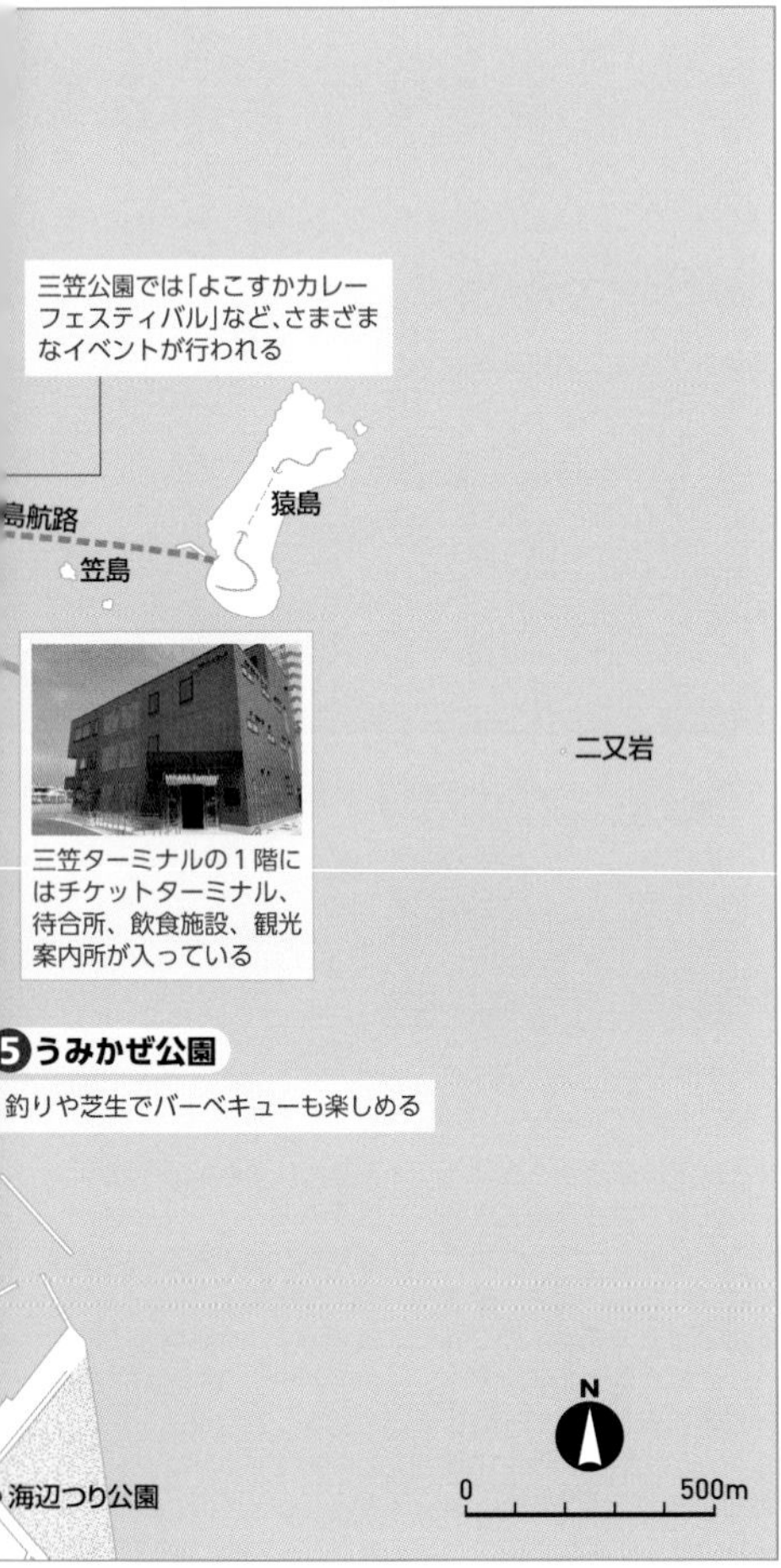

三笠公園では「よこすかカレーフェスティバル」など、さまざまなイベントが行われる
猿島
島航路
笠島
二又岩
❺うみかぜ公園
釣りや芝生でバーベキューも楽しめる
N
0
500m
海辺つり公園

三笠ターミナルの１階にはチケットターミナル、待合所、飲食施設、観光案内所が入っている

帆のモニュメントで演出された石畳の道を過ぎると❹**三笠公園《みかさこうえん》**だ。中央広場には日露戦争で連合艦隊の旗艦として活躍した「三笠」が保存されており、艦内には関連資料の展示のほか、当時の司令長官公室、艦長室などが復元されている。東京湾や猿島を望む園内北側には、「水と光と音」をテーマにした音楽噴水池や芝生広場が設けられている。

三笠桟橋から東京湾の無人島、猿島への航路も発着しているが、ここでは、よこすか海岸通りを歩いて❺**うみかぜ公園《こうえん》**をめざそう。親水護岸や芝生広場もあり、猿島を目の前に見ることができる港湾緑地である。最後に立ち寄りたいのは、高台にある❻**平和中央公《へいわちゅうおうこう》園《えん》**。旧日本軍の演習砲台跡が残り、平和のモニュメントが立つ。横須賀の街や猿島などを眺望できるだけでなく、園内にサクラやウメ、ツツジ、アジサイなどが咲く花の公園でもある。自然科学から幕末の郷土文化まで、三浦半島ゆかりの展示が興味深い横須賀市自然・人文博物館も隣接している。

帰りは丘を下り、横須賀中央駅まで歩こう。

DATA 三笠公園　8～21時（11～3月は9～20時）、無休、無料。☎046-824-6291／記念艦「三笠」 9時～17時30分（3・10月は～17時、11～2月は～16時30分）、12月28～31日休、600円。☎046-822-5225

みちくさ

見る YOKOSUKA軍港めぐり《よこすかぐんこうめぐり》

ペリー来航以来、170年近い横須賀港の歴史にふれるクルージングツアー。案内人の解説を聞きながら、海上自衛隊や米軍基地に停泊している迫力ある日米の艦船を間近に見ることができる。一周約45分。土日・祝日は予約がおすすめ。11〜15時の5便（臨時便あり、要問合せ）、1600円。☎046-825-7144

みちくさ

見る よこすか近代遺産ミュージアム ティボディエ邸《よこすかきんだいいさんみゅーじあむ てぃぼでぃえてい》

横須賀の歴史を身近に鑑賞できる新施設。横須賀製鉄所の官舎を再現した明治初期の建物は国内最古級の西洋風木造建築で、館内には当時の建物の木材やレンガ壁を展示。シアターでは約130年前の横須賀造船所めぐりの映像（有料）を楽しむことができる。

ヴェルニー公園〜三笠公園
泊町
米軍施設
ヴェルニー記念館
スタート
横須賀駅
❶ヴェルニー公園
公園の中を歩く
楠ケ浦町
見る よこすか近代遺産ミュージアム ティボディエ邸
見る YOKOSUKA 軍港めぐり
❷汐入桟橋
本町山中有料道路
JR横須賀線
1分
15分
田浦へ
16
横須賀
WC
東逸見町(一)
カフェレストラン コルセール
逸見局
逸見
汐入町(一)
8分
コースカ ベイサイドストアーズ
汐留
本町1
20分
汐入局
汐入
京浜急行本線
汐入小
汐入町(五)
東逸見町(二)
❸どぶ板通り
汐入町(四)
神奈川歯科大
横須賀学院高
稲岡町
神奈川歯科大学附属病院
公園入口
本町(一)
聖ヨゼフ病院
大滝町(一)
横須賀市役所
小川町
新港町
❹三笠公園
三笠保存会
三笠ターミナル
三笠公園通り
よこすかポートマーケット
2022年リニューアルオープン予定
横須賀署
25分
若松町(一)
日ノ出町
横須賀海軍カレー本舗
龍本寺
ゴール
横須賀中央駅
横須賀市消防局 中央消防署
日の出町(三)
15分
田戸小
安浦町(一)
聖徳寺坂下
横須賀の町と猿島が一望できる
上町北局
❻平和中央公園
横須賀市自然・人文博物館
25分
安浦2
平成町(一)
安浦3
平成町(二)
沢山小
坂本町(二)
坂本町(一)
逸見が丘
不入斗中
不入斗局
上町(四)
市立うわまち病院
坂本局
坂本町(三)
横須賀トンネル
不入斗町(三)
西来寺
横須賀市
豊島小
上町局
田戸台
県立大学
三春西局
三春町1
三春町(一)
不入斗町(一)
運動公園
鶴久保小
富士見町(一)
下水処
大津へ

DATA よこすか近代遺産ミュージアム ティボディエ邸　9〜17時、無休（施設点検等による臨時休館あり）、無料。☎046-827-7003

40 ハイキング

横須賀市

猿島桟橋から旧要塞跡へ

東京湾の無人島めぐりで出合う豊かな自然と貴重な歴史遺産

砲台への幹道は切通やトンネルが続いている。直線ではなく、曲がったり、傾斜があるなど、簡単に見通せないような要塞の基地ならではの工夫が随所になされている

アクセス

行き 品川駅から京急線特急、または快特で約47～57分の横須賀中央駅下車。徒歩15分の三笠桟橋から船で10分の猿島桟橋下船。

帰り 猿島桟橋から往路を戻る。

問合せ先

横須賀市観光案内所☎046-822-8301

京急ご案内センター☎045-225-9696

スタート 猿島桟橋 ⇐ 徒歩5分 ❶軍港碑 ⇐ 徒歩5分 ❷レンガの兵舎 ⇐ 徒歩5分 ❸愛のトンネル ⇐ 徒歩20分 ❹卯ノ崎台場跡 ⇐ 徒歩10分 ❺展望台広場 ⇐ 徒歩20分 ゴール 猿島桟橋

歩行時間 約1時間5分

歩行距離 約2.5km

歩数 約5000歩

DATA 猿島砲台跡　猿島は旧日本軍の要塞島として民間人が長く立ち入れなかったため、今も手つかずの自然や歴史遺産が残る。2015年、「東京湾要塞跡」として国史跡に指定。

40 猿島桟橋から旧要塞跡へ

日本でも猿島を含めて、4例しかないというフランス積みレンガで造られたトンネル

切通に沿って、4つの兵舎、弾薬庫が壁に掘り込むように造られている。緑のツタに覆われた建物が年月の流れを感じさせる

猿島桟橋のそばの浜からは、対岸の横須賀の町がよく見える。夏は海水浴で賑わう浜だ

明治時代の発電施設だった建物は、今も現役の発電所として稼働中だ

三笠公園横の三笠桟橋から定期船で10分ほどで猿島桟橋へ接岸する。船着場の周りには砂浜が広がり、夏には海水浴を楽しむ人々で賑わう。船を降りたら、多目的室と案内所を兼ねた建物やボードデッキを回りこむように坂道を上って行こう。デッキのわきには、この島が要塞の島だったことを示す❶**軍港碑**《ぐんこうひ》や明治時代に石炭で蒸気発電を行っていたという発電施設も見られる。

坂道を右手に曲がって行くと、明治時代の要塞が続くエリアだ。島の中央部に延びる切通の道は全長３００ｍで、右側には切り立った岩壁を掘り抜いて造られた❷**レンガの兵舎**《へいしゃ》と弾薬庫が交互に並ぶ。当時はこの上に砲台が据えつけられていたという。行く手にはアーチ型をした❸**愛**《あい》**のトンネル**の入口が見える。いずれもフランス積みとよばれる工法で仕上げられたレンガ構造物で、現在、日本には数例しか残っていない貴重なものである。

全長90mのトンネルを抜けると、右後方と左前方に2つのトンネルの入口が見渡せる。左前方のトンネルを抜け、左へ進むと第二次大戦で使われた高角砲台座跡が2ケ所続く。

その先の磯へ下る急な階段の途中には、嵐を避けて日蓮が避難したと伝えられる洞窟があるが、今は立入禁止になっている。

来た道を戻って浦賀水道に面した❹**卯**《う》**ノ崎**《さき》**台場跡**《だいばあと》へ。ここは幕末期に江戸湾防備に当たった台場跡である。さらに尾根道を南下し、傾斜のある階段を上っていくと標高40mの島の最高地点に当たる❺**展望台広場**《てんぼうだいひろば》へ出る。この先右手の階段で最初に歩いた切通の道へ。ここから道なりに桟橋方面へ歩き、スタート地点の猿島桟橋から船で三笠桟橋へ戻ろう。

スマートなシーフレンドZero号に乗り、快適な船旅で猿島をめざそう

サブコース

＊猿島島内の散策路を一周すると約1時間程度の歩行時間となる。猿島・三笠間は毎日1時間1便の定期船が運航しているので、観音崎公園や浦賀周辺、ヴェルニー公園など、横須賀港周辺のコースと組み合わせたウォーキングプランを作ることも可能だ。

ヒント

＊猿島を知るには毎日7回実施している「無人島・猿島探検ツアー」を利用したい。猿島を知り尽くしたナビゲーターが要塞跡をめぐりながら、要領よく猿島の歴史や自然をガイドしてくれる。所要30分、600円（乗船券とセットで500円）。猿島管理棟で随時受付。

DATA 猿島公園　猿島乗船料のほかに「猿島公園入園料」（中学生を除く15歳以上200円、小・中学生100円）が必要。海水浴場開設期間7月中旬〜8月末。BBQのレンタルショップは猿島航路運航期間中は無休。☎046-825-7144

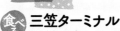

みちくさ

見る 買う 食べる 三笠ターミナル
みかさたーみなる

猿島航路と東京湾第二海堡ツアー発着の拠点となっている。1階には猿島航路のチケットカウンター、観光案内所、みやげ物ショップ、カフェ、2階には猿島や東京湾に浮かぶ海上要塞・第二海堡の魅力を映像や写真で伝える猿島ビジターセンターがある。第二海堡をVR(仮想現実)体験できる展示も興味深い。

猿島唯一の建物「オーシャンズキッチン」の2階は休憩に最適だ。広いボードデッキからは横須賀の街並みが眺望できる

猿島桟橋～旧要塞跡

N
0 500m
三笠公園
猿島航路
猿島
三笠桟橋
見る 買う 食べる 三笠ターミナル
ヨネノ根
日蓮洞窟
30mの急な階段を海に向かって下りる途中に日蓮洞窟があるが、台風・豪雨による崩落で立入禁止
砲台跡
砲台跡
第二次世界大戦時に配備された高射砲の砲台跡
トンネル
20分
砲台跡
オイモノ鼻
トンネル
10分
フランス積みといわれるレンガのトンネル
3 愛のトンネル
5 展望台広場
4 卯ノ崎台場跡
幕末に建設された卯ノ崎台場跡。東京湾を見渡せる広場になっている
切通の東側には、旧要塞施設の兵舎や弾薬庫が並んでいる
5分
砲台跡
弾薬庫
スタート&ゴール
猿島桟橋
階段を下って要塞施設が並ぶ切通へ下る
2 レンガの兵舎
三笠桟橋へ
5分
東京湾
展望広場への道は立入禁止
海水浴場
20分
5分
WC
管理棟
(売店・レンタルショップなど)
発電所
展望広場
手ぶらでBBQが楽しめる。機材はレンタルショップで
1 軍港碑
ボードデッキ
海を眺めながら、のんびり休憩できる
海軍管理の港の範囲を指定した碑が立っている
N
0 80m

DATA 猿島航路　3～10月は1日8便(三笠始発9時30分、猿島最終17時)・11～2月は1日7便(三笠始発9時30分、猿島最終16時)、往復1400円(猿島公園入園料別途)／三笠ターミナル　9時～16時30分、無休、無料。☎046-825-7144

AREA : Miura

45 ⇐ 41

三浦エリア

海と一体となって広がる
貴重な小網代の森を歩く

41 海

三浦市

松輪漁港から宮川湾へ

三浦半島南端に広がる岩礁をたどり、ダイナミックな海食風景を堪能する

高さ30mという盗人狩。周辺に広がる荒々しい断崖や岩礁は、長い時間のなかで繰り返されてきた波の浸食や地震による隆起によってつくられたもの

アクセス

行き 品川駅から京急線特急、または快特で約１時間7～17分の三浦海岸駅下車。京急バス剱崎経由三崎東岡行きに乗り換えて約22分の松輪海岸バス停下車。

帰り 三崎港バス停から京急バス三崎口駅行きで約15分の終点下車。京急線快特に乗り換えて約1時間9分の品川駅下車。

問合せ先

三浦市観光協会☎046-888-0588
京浜急行バス三崎営業所
☎046-882-6020

スタート 松輪海岸バス停
← 徒歩15分
❶ 江奈湾干潟
← 徒歩15分
❷ 白浜毘沙門天
← 徒歩25分
❸ 毘沙門洞窟
← 徒歩45分
❹ 盗人狩
← 徒歩15分
❺ 千畳敷
← 徒歩15分
❻ 宮川湾
← 徒歩40分
❼ 北条湾
← 徒歩15分
ゴール 三崎港バス停

歩行時間
約3時間5分

歩行距離
約8.5km

歩数
約17000歩

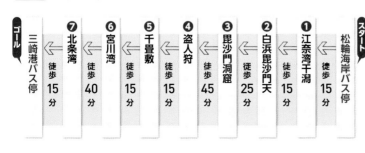

弥生時代の遺跡「毘沙門洞窟」は、海食台地の断崖中腹に4つ並んでいる

貴重な生態系が、人々の手で守られている江奈湾干潟。潮が引くと小さなカニの姿を見ることができる

白浜毘沙門天は通年無人。三浦七福神の御朱印は本坊の慈雲寺でいただく

波静かな江奈湾は海釣りに訪れる釣り人も多い。湾内の松輪漁港には、漁協直営の地魚料理店や獲れたての魚が買える店がある

三浦半島南端の磯歩きでは、切り立った断崖と奇岩が続く迫力の景観が楽しめる。江奈湾をスタートし、毘沙門湾周辺の岩礁地帯を歩き、三崎港をめざそう。松輪海岸バス停で降りると、目の前に江奈湾が広がる。松輪漁港では何艘もの釣り船が係留され、遊漁船の基地らしい風景が見られる。江奈湾を回り込むように、県道215号線を西へ進むと湾奥部に見えてくるヨシの群落が❶**江奈湾干潟《えなわんひがた》**と呼ばれる一帯だ。油壺湾に面した小網代の森とともに、多くの人の手で保全活動がなされている貴重な自然干潟である。

県道をさらに進み、毘沙門バイパスとの分岐で右手の上り坂を進む。左側に「関東ふれあいの道」の表示板があるのが目印だ。坂上まで歩き、馬頭観音が立つ角を左折して畑を過ぎると、森の中に三浦七福神の一つ、❷**白《しら》浜毘沙門天《はまびしゃもんてん》**がある。参拝後、篠竹の茂る細い道を進んでいくと、一気に広々とした磯浜へとたどりつく。白い波しぶきが砕ける岩場では釣り人たちが思い思いに糸をたれる。磯伝いに歩くので、足元を確かめながら進もう。左前方に緑に覆われた浅間山を見ながら進ん

波の影響が少ない入り江には春から秋にかけて海岸植物が見られる。写真は初夏に白い花が房のように咲くハマボッス

COLUMN

自然がつくった迫力の景観美

三浦半島南端の海岸沿いを歩くハイキングコースは剣崎灯台、江奈湾の干潟、三浦の畑風景、毘沙門洞窟、盗人狩、また浦賀水道、房総半島など、バラエティに富んださまざまな景観を楽しみながら歩くことができるのが魅力だ。

サブコース

＊疲れたら、岩礁歩きの終点を宮川湾とし、宮川町バス停からバスで三崎東岡経由で三崎口駅に向かうか、三浦海岸駅へ戻ろう。バスは1時間に1本なので、あらかじめ調べておくと安心だ。
＊時間、体力に余力があれば三崎港周辺を散策し、買い物や食事をして帰ろう。

ヒント

＊滑りやすい岩礁が続き、波打ち際を歩くので、風が強い日や満潮時は避けること。無理をすると事故につながりかねない。出かける前には、天気予報や潮見表などをしっかり確認しよう。
＊途中、車道歩きもあるので車の往来に注意。トイレは毘沙門湾、宮川湾などで。

釣り人の姿も多い千畳敷の岩棚。長い時間と波の浸食作用がもたらした壮大な景観だ。歩行は十分注意が必要

洗濯板のように凸凹した千畳敷では通路が整備されているところもある

毘沙門洞窟の手前には砂浜が広がり、海岸植物も見られる

でいくと、高さ20mほどの断崖中腹に、弥生時代後期の住居跡といわれる❸**毘沙門洞窟**《びしゃもんどうくつ》が見えてくる。生い茂る草の向こうに海食でできた大小４つの洞窟が並んでいる。

毘沙門バイパスにいったん出て、毘沙門湾を回り込んだ先で海に向かうと、間もなく❹**盗人狩**《ぬすっとがり》だ。高さ30mもの断崖が波に洗われ、荒々しくそそりたつ光景に驚く。盗人が断崖の迫力と怒涛の荒波に、逃げるのを断念したという名前の由来も合点がいく。このコースは波立つときに足元に注意するのはもちろんだが、あらかじめ風と天候、潮位などの情報を十分得てから出かけることも大事である。

左前方に観音山を見ながら、ダイナミックな岩棚が広がる❺**千畳敷**《せんじょうじき》を過ぎると波の静かな❻**宮川湾**《みやがわわん》へ到着する。ヨットが係留されたのんびりとした風景を見ながら、毘沙門バイパスをくぐり、台地の八景原《はっけいばる》へ上ろう。大根畑を道なりに歩けば、やがて三崎の❼**北条湾**《ほうじょうわん》である。

帰路は、三崎港周辺でおみやげを買い、三崎港バス停から三崎口駅へ向かおう。

三浦海岸へ
南下浦町
金田
干潟のヨシ原にはアカテガニやアシハラガニなど多くのカニが生息している
❶江奈湾干潟
南下浦町
松輪
215
ンネル手前
坂を上がる
剣崎小
15分
剱崎
分
スタート
松輪海岸バス停
江奈湾
食べる
WC
地魚料理 松輪
剱埼灯台
分
❷白浜毘沙門天
横瀬島
砂浜に咲くハマヒルガオ

みちくさ

食べる 地魚料理 松輪
じざかなりょうり まつわ

江奈湾を目の前にした和食レストラン。水揚げされたばかりの旬の魚料理が味わえる。オーシャンビューの店内でいただく刺身や塩焼き、人気の松輪鯖(最盛期は8月中旬～12月中旬)など看板メニューが豊富で、遠方からの客も多い。写真は松輪鯖の炙り。11～16時(LO15時)、火曜休。☎046-886-1767

COLUMN

生きものたちが暮らす江奈湾干潟

ヨシやガマが群生する江奈湾干潟は自然の宝庫。とくにカニ類が多く、アカテガニやアシハラガニなどが生息し、潮が引くと、エサをついばむチドリやサギなども見かける。渡り鳥が飛来する頃はバードウォッチャーの姿も増える。

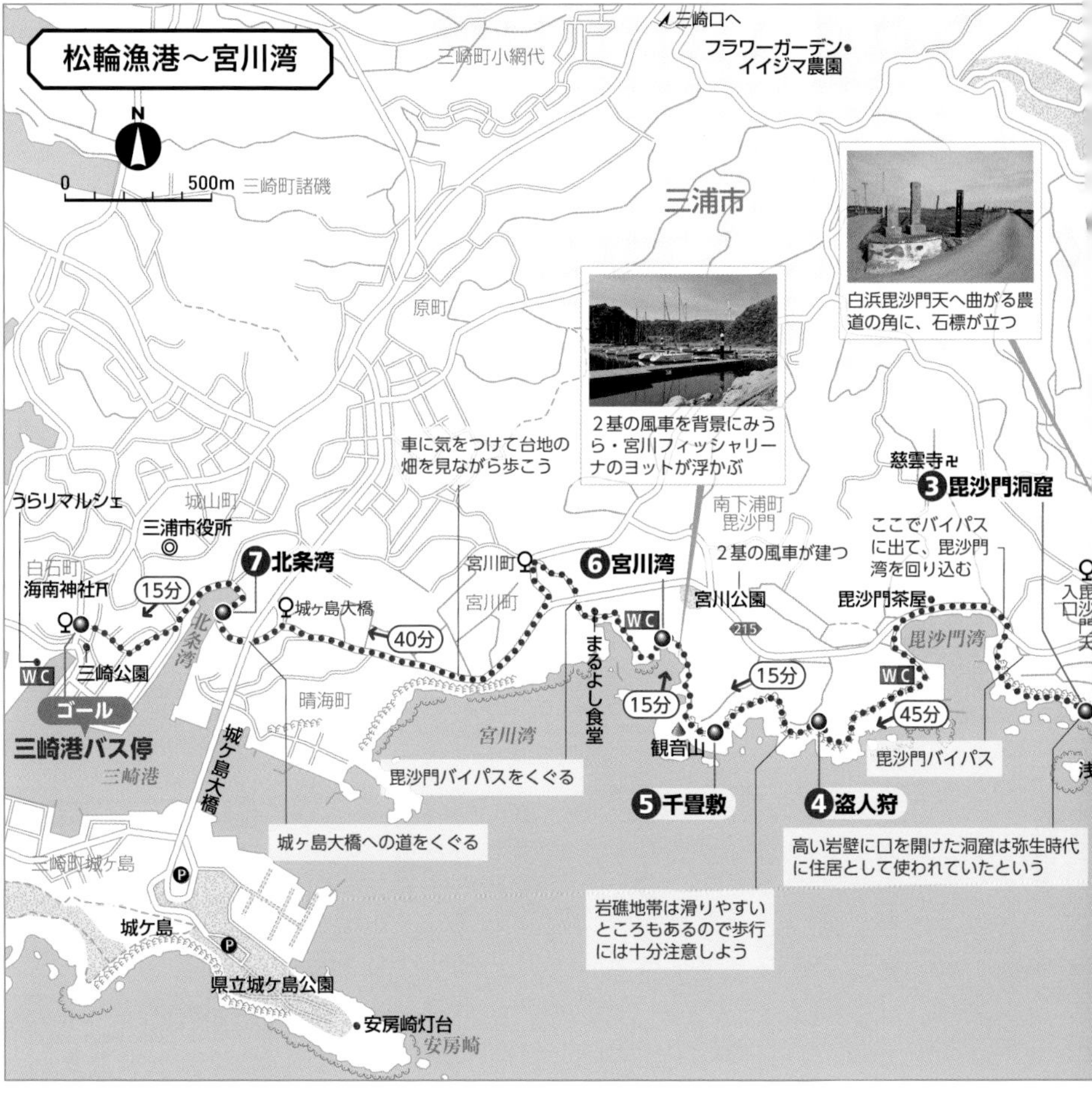
松輪漁港～宮川湾
N
0
500m
三崎口へ
三崎町小網代
フラワーガーデン・イイジマ農園
三崎町諸磯
三浦市
原町
白浜毘沙門天へ曲がる農道の角に、石標が立つ
2基の風車を背景にみうら・宮川フィッシャリーナのヨットが浮かぶ
車に気をつけて台地の畑を見ながら歩こう
慈雲寺
3 毘沙門洞窟
うらりマルシェ
城山町
三浦市役所
南下浦町毘沙門
ここでバイパスに出て、毘沙門湾を回り込む
白石町
海南神社
7 北条湾
宮川町
6 宮川湾
2基の風車が建つ
15分
城ヶ島大橋
40分
宮川町
宮川公園
毘沙門茶屋
入口 毘沙門天
北条湾
WC
215
毘沙門湾
三崎公園
まるよし食堂
15分
WC
ゴール
三崎港バス停
晴海町
15分
45分
三崎港
城ケ島大橋
宮川湾
観音山
毘沙門バイパス
毘沙門バイパスをくぐる
5 千畳敷
4 盗人狩
浅
城ヶ島大橋への道をくぐる
高い岩壁に口を開けた洞窟は弥生時代に住居として使われていたという
三崎町城ケ島
岩礁地帯は滑りやすいところもあるので歩行には十分注意しよう
城ケ島
県立城ケ島公園
安房崎灯台
安房崎

42 海

三浦市・横須賀市

和田長浜海岸から荒崎公園へ

野菜畑が広がる三戸の台地から 白波がはじける奇岩の海へ

荒崎公園の潮風の丘から望む荒々しい岩礁風景。白波がくだける岩の先で釣りを楽しむ釣り人たちも

アクセス

行き 品川駅から京急線特急、または快特で約1時間10〜20分の三崎口駅下車。

帰り ソレイユの丘バス停から京急バス三崎口駅行きで約20分の終点下車。往路を戻る。

問合せ先

三浦市観光協会☎046-888-0588
横須賀市観光案内所☎046-822-8301
京急ご案内センター☎045-225-9696

スタート 三崎口駅
← 徒歩30分
❶ 延壽寺
← 徒歩35分
❷ 円徳寺
← 徒歩10分
❸ 和田長浜海岸
← 徒歩20分
❹ 長井海の手公園 ソレイユの丘
← 徒歩35分
❺ 荒崎公園
← 徒歩30分
ゴール ソレイユの丘バス停

歩行時間 約2時間40分
歩行距離 約9km
歩数 約18000歩

42

和田長浜海岸から荒崎公園へ

海岸へ出ると海沿いに小さな漁港が点在している。いちばん荒崎に近い荒井漁港風景

長井海の手公園 ソレイユの丘の広大な園地を左に眺めながら進んでいこう

右：広々とした三戸の台地をまっすぐに延びる農道からスタートしよう
右下：和田長浜海岸では、浜の両端に磯遊びができる岩場が広がっている

三崎口駅から国道１３４号の横断歩道を渡って北方向へ進み、三戸浜入口の看板にしたがって左折する。緩やかな坂を上ると、一気に視界が開け、きれいに区画整理された広大な畑が続く。ここはかつて軍用機滑走路として整備された、通称「飛行場ッ原」と呼ばれる台地だ。ダイコン、キャベツなど人気の三浦野菜が広い畑で育っている。さえぎるもののない台地からは晴れた日には富士山や相模湾が広々と望める。まっすぐ進めば、相模湾が目の前に広がる黒崎の鼻と呼ばれる岬である。ここでは畑が途切れるあたりで右方向へ細い道を下ろう。ほどなく三浦七福神の大黒天が祀られている❶**延寿寺**《えんじゅじ》である。

再び国道１３４号に戻り、三浦初声高校入口の信号を左折。高校手前を右に折れると、緑が茂る遊歩道が続き、やがて細い路地が続く住宅街となる。海沿いの❷**円徳寺**《えんとくじ》には、開山の日範上人が日蓮上人の配流されている伊豆の地に向かって読経をしたと伝えられる御経窟がある。円徳寺を過ぎると❸**和田長浜海岸**《わだながはまかいがん》である。広々とした海岸は水の透明度が高く、浜の左右には磯場があるため、夏には多

4月から5月にかけて、海岸の砂浜にはハマダイコンが可憐な花を咲かせ、海岸の風景に彩りを添える

COLUMN

想像を超えた奇岩の連続

数千万年前には海底にあった地層が地殻変動や波の浸食作用にさらされ、洗濯板のような岩場や海食洞（洞窟）が造られた。荒崎海岸の岩礁地帯を歩き、隆起した岩が斜めにせり上った地形など、荒々しい海岸美を楽しみたい。

サブコース

＊三崎口駅をスタート後、台地に気持ちよく広がる三戸の野菜畑を見ながら、海に向かってまっすぐに延びる通称「飛行場ッ原」を歩いてみよう。この先の、黒崎の鼻と呼ばれる突端の小さな岬は人工物が一切ない自然のままの景観が残り、足を延ばすのも興味深い。

ヒント

＊ここでは、長井海の手公園 ソレイユの丘から荒崎公園へ歩いた後、またソレイユの丘へ戻るコースを設定した。遊びや食事、温泉など、目的に応じて利用したい。ソレイユの丘から三崎口駅行きのバス便は少ないので、着いたらバスの時間を確認しておくと安心だ。

園内から海辺へ向かう道。目の前には海に向かってゴツゴツとした岩礁が広がっている。岩の上では、滑りにくい履物で足元に十分注意して歩こう

荒崎公園の西側に広がる夕日の丘では、眺望を楽しみながら、のんびり休憩しよう。富士山を背景にした相模湾は心に残る絶景だ

荒崎公園南側の潮風の丘からは、岩肌がむき出しになった断崖を一望。この丘には昔、三浦氏の居城「荒崎城」があったという

くの家族連れが海水浴を楽しむ。海岸から右折して駐車場わきを通り、その先を左折して住宅街へ。緩やかな坂道を上っていこう。しばらく歩くと❹**長井《ながい》海《うみ》の手《て》公園《こうえん》 ソレイユの丘《おか》**の広い園地が正面に見えてくる。園地を回り込むように進み、住宅の並ぶ細道へ左折、右折を繰り返し、しばらく行くと観音像の庚申塔があり、昔ながらの切通も残っている。勧明寺を左に見ながら進めば、間もなく漆山漁港だ。

漁船が並ぶ港を見ながら左へ進むと、展望台や散策路が整った❺**荒崎公園《あらさきこうえん》**である。海に突き出した岬一帯には展望台や芝生広場、ピクニックの丘、波が寄せては引くどんどんびきなどが点在。とくに西端の夕日の丘から眺める絶景の夕日、荒々しいリアス式海岸など、ダイナミックな景観が繰り広げられる。ここから長井海の手公園 ソレイユの丘まで戻り、休憩を兼ねて、食事や季節ごとの花景色、動物たちとのふれあいなどを楽しむのも一案。相模湾を望む広大な園内には、花畑やレストラン、温浴施設、体験施設などが揃っている。

帰路は、ソレイユの丘バス停から三崎口駅へ戻ろう。

COLUMN

相模湾一望の丘が広がる荒崎公園

海岸美を見下ろすように、公園一帯には潮風の丘をはじめ、相模湾や富士山を一望できる夕日の丘、ピクニックの丘などのエリアが広がっており、お弁当を広げるのに最適。潮風の丘は「かながわの景勝50選」にも指定されている。

幅約3m、奥行き約20mという深く切り込んだどんどんびき。波が岩を浸食してできた自然の造形を見ることができる

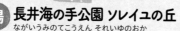

みちくさ

体験 買う 食べる 湯

長井海の手公園 ソレイユの丘

ながいうみのてこうえん それいゆのおか

約24haの広大な園内では野菜の収穫、パン作り、クラフト、アルパカやカピバラとのふれあいなど多彩な体験を楽しめる。例年12月中旬から3月まで約10万本のナノハナが咲き競う景観も圧巻。ネモフィラ、ヒマワリ、コスモスなど季節ごとの花群落も楽しめる。地場産の魚介や野菜を味わえるレストランや眺望絶佳な温浴施設など、ハイキングの後に立ち寄りたいスポットも併設。

園内では「三浦半島」をたっぷり体験できる

上：「海と夕日の湯」では相模湾を眺めながらリラックス
右：黄色いナノハナ畑の向こうには富士山も

和田長浜海岸～荒崎公園
長井漁港へ
夕日の丘からは富士山の眺めがよい
横須賀市
漆山漁港
長井(六)
熊野神社
あらさき亭
荒崎
勧明寺
荒井漁港
30分
35分
庚申塔
ゴール
ソレイユの丘バス停
体験 買う 食べる 湯
4 長井海の手公園 ソレイユの丘
ショップ&青空市場「マルシェ」
温泉施設「海と夕日の湯」
潮風の丘
どんどんびき
十文字洞
荒崎
5 荒崎公園
20分
三浦初声高和田キャンパス
唐池
和田城跡
三浦ふれあいの村
川間川
逗子へ
西の前
0 500m
赤羽根
天養寺
竹ノ下
白旗神社
和田義盛旧里碑
大泉寺
和田
初声町和田
134
和田ノ里
初声町和田
矢作入口
荒井の庚申塔。右から2番目には聖観音像が刻まれている
3 和田長浜海岸
10分
35分
矢作
一番地
初声小
若宮神社
高校わきを右折。川沿いの遊歩道を歩く
三浦初声高入江キャンパス
宮田
初声町入江
黒崎の鼻
2 円徳寺
二番地
御経窟
神田
黒崎
谷戸
実相寺
1 延壽寺
30分
三戸浜入口の看板あり
三浦市
唐ヶ原
三崎や油壺方面への発着駅なので、おみやげが買える売店もある
京急久里浜線
三崎口
広々とした長浜海岸。北側は横須賀市の長浜海岸で南側は三浦市の和田長浜海岸だ
福泉寺
神田
スタート
三崎口駅
駅
三崎港へ

DATA 長井海の手公園 ソレイユの丘 9～18時（12～2月は9時30分～17時）、無休、入場無料／温浴施設 海と夕日の湯 15～21時、700円。☎046-857-2500

43 海

三浦市

小網代の森から油壺へ

川の源流から湿地、干潟、海へ 多様な生きものが命を紡ぐ海辺の森歩き

浦の川の流れに沿って源流域の森を下ると、河口干潟へとつながる緩やかな湿地帯へ出る

アクセス

行き 品川駅から京急線特急、または快特で約1時間10〜20分の三崎口駅下車。京急バス油壺行きなどに乗り換えて約3分の引橋バス停下車。

帰り 京急バス三崎口駅行きで京急油壺マリンパークバス停から約15分、油壺バス停から約13分の終点下車。往路を戻る。

問合せ先

三浦市観光協会☎046-888-0588
京浜急行バス三崎営業所
☎046-882-6020

スタート 引橋バス停
⇐ 徒歩5分
❶ 小網代の森引橋入口
⇐ 徒歩20分
❷ まんなか湿地
⇐ 徒歩20分
❸ えのきテラス
⇐ 徒歩5分
❹ 河口干潟
⇐ 徒歩10分
❺ 宮ノ前峠入口
⇐ 徒歩7分
❻ 白髭神社
⇐ 徒歩40分
❼ 荒井浜
⇐ 徒歩15分
ゴール 京急油壺マリンパークバス停

歩行時間 約1時間50分
歩行距離 約4km
歩数 約8000歩

小網代の森から油壺へ

源流の森の湿地には大型のシダも見られる

中央の谷と呼ばれる源流地帯には階段を下る散策路が続く。たくさんの生きものが暮らす森の散策はマナーを守って静かに歩こう

小網代の森への起点となるのは京浜急行の終点・三崎口駅

小網代の森引橋入口は森を縦断するメインルートの入口。木道が整備されている

三崎口駅からバス利用で、引橋バス停まで約4分。バス停で降りたら三崎口駅方面へ少し戻り、横断歩道を渡って左手の住宅街へ入ろう。分岐にさしかかったら、左の坂道を下っていく。次第に緑が深くなる道を進むと間もなく**❶小網代《こあじろ》の森《もり》引橋《ひきはし》入口《いりぐち》**だ。一帯に広がる森は、貴重な自然環境を保全するため、平成26年の夏に「小網代の森」として一般開放された。およそ70haの小さい森だが、川の源流域となる森から湿地、干潟、海までが自然のまま、一つのまとまりとなって残り、多様な命を育む希少な森である。

引橋入口を入るとすぐに木々が深々と迫り、尾根の底へ、幾何学模様を描くように階段状の木道を下って行く。このあたりは「中央の谷」と呼ばれる浦の川源流域で、木道わきの小さな流れは全長１２００ｍを下る浦の川の始まりだ。シダが密生する源流地域を抜けると、次第に傾斜が緩やかになり、広々とした湿原へと風景が変化する。木道に**❷まんなか湿地《しっち》**の表示板が現れると、あたりには湿原の植物が多く見られるようになる。6月初旬には飛び交うホタルの姿も見られるという。

小網代湾の河口干潟ではたくさんのチゴガニが白いハサミを振り上げて「ダンス」を見せてくれる

COLUMN

小網代の森で自然の営みに触れよう

2000種類にもおよぶ動植物が命を育む森では、季節ごとのさまざまな表情を楽しむことができる。干潟のカニ、湿地のトンボやホタル、多様な植物や野鳥などがにぎわい暮らす森の散策は、貴重なリフレッシュの時間になる。

サブコース

＊三崎口駅から小網代の森引橋入口まで徒歩で約30分、三戸の台地を経て、河口干潟に近い北尾根入口まで約40分。時間にゆとりがある場合は、バス利用ではなく、のどかな畑の風景を楽しみながら歩くのもおすすめ。帰りは油壺方面へ足を延ばすのも一案だ。

ヒント

＊森の中は木道が整備され、表示板も要所に立っているので、歩きやすく迷う心配はない。植生の保護のために、散策路以外の立ち入りは禁じられているので注意しよう。整備が行き届いていても、森にはスズメバチなど注意すべき点も多いので服装対策などは入念に。

DATA 小網代の森　7～18時(10～3月は～17時)、散策自由、年中開園。貴重な動植物を踏み荒らさないため、散策路の外への立ち入りはできない。www.pref.kanagawa.jp/docs/d2t/kankyo/p820028.html

宮ノ前峠から森を出たら、小網代湾に面した白髭神社に参拝していこう

小網代湾に面した河口干潟が広がる。干潟には50種以上のカニが生息するという。珍しい生きものの暮らし方に興味がふくらむ

散策路に設置された案内板を見ながら、森を探訪しよう

森には3ヶ所のテラスが設けられているので、観察や休憩に利用しよう

木道を進むと間もなく、森の中の広々とした一角にやなぎテラスが現れる。さらに河口に向かって歩いていくと、エノキの大木のそばに❸**えのきテラス**が見えてくる。テラスの手前には油壺方面への分岐があるが、ここでは直進して小網代湾の❹**河口干潟**《かこうひがた》へ向かおう。小さな穴の中からチゴガニが姿を現し、繰り広げる求愛ダンスは癒される光景だ。この森では干潟を中心に、アカテガニをはじめ、50種類ものカニが生息しているという。

帰路はえのきテラスまで戻り、その先の分岐を右折する。小網代湾を一望する眺望テラスを経て階段を上り、❺**宮**《みや》**ノ前峠入口**《まえとうげいりぐち》へ。小網代湾方向へ歩くと、三浦七福神の寿老人を祀る❻**白髭神社**《しらひげじんじゃ》がある。ゆっくり参拝した後は、ヨットハーバーの爽やかな景観を楽しみながら、県道216号に出て右折し、油壷方面へ。油壷バス停の先で、❼**荒井浜**《あらいはま》方面へ向かって左折しよう。三浦でもひときわ透明度が高いといわれる海を前に、浜辺にはゆったりと静かな時間が流れている。のんびり海の景観を堪能したら、来た道を戻り、京急油壷マリンパークバス停から三崎口駅へ戻ろう。

COLUMN

小網代の森のシンボル、アカテガニ

小網代の森の人気者、赤いハサミが目立つアカテガニ（ベンケイガニ科）は体長4cmほど。ふだんは海の中ではなく、森の中の小高い崖の穴（写真）で暮らし、夏の大潮の晩に一斉に海へ移動して、子どもを産むという。

静かな佇まいを見せる小網代湾を見ながらリビエラシーボニアマリーナ方面へ進もう。油壷へ足を延ばしてから帰るのも楽しみ

みちくさ

食べる 湯 ホテル京急油壺観潮荘《ほてるけいきゅうあぶらつぼかんちょうそう》

小網代湾を一望する油壷温泉が人気の宿。温泉成分が豊富な療養泉で、湯治や日帰り利用にもおすすめ。併設の活魚レストラン「潮彩」では活魚水槽からあげたばかりの三浦の旬の魚が堪能できる。日帰り入浴11～22時、1200円+入湯税。「潮彩」11～19時（時間の変動あり）、無休。☎046-881-5211

みちくさ

食べる シーボニア クラブハウスレストラン《しーぼにあ くらぶはうすれすとらん》

シーボニアマリーナ内のオーシャンビューレストラン。三浦の海や畑からの新鮮な魚介や野菜をふんだんに使った、月替わりのメニューが楽しめる。葉山牛を使ったハンバーグ、三浦野菜がゴロっと入ったカレーなど、バラエティに富んだメニューが好評。小網代の森からも近い。☎046-882-1216

DATA シーボニア クラブハウスレストラン　平日：ランチ11時～15時30分LO、土日・祝日：11時～15時30分LO、カフェ15時30分～17時LO、ディナー17～19時LO、月・火・水曜休（祝日の場合は営業）※季節により変更あり

44 街

三浦市

三崎港から三崎下町へ

歴史と懐かしい昭和の佇まいを探訪する三崎の港町ウォーキング

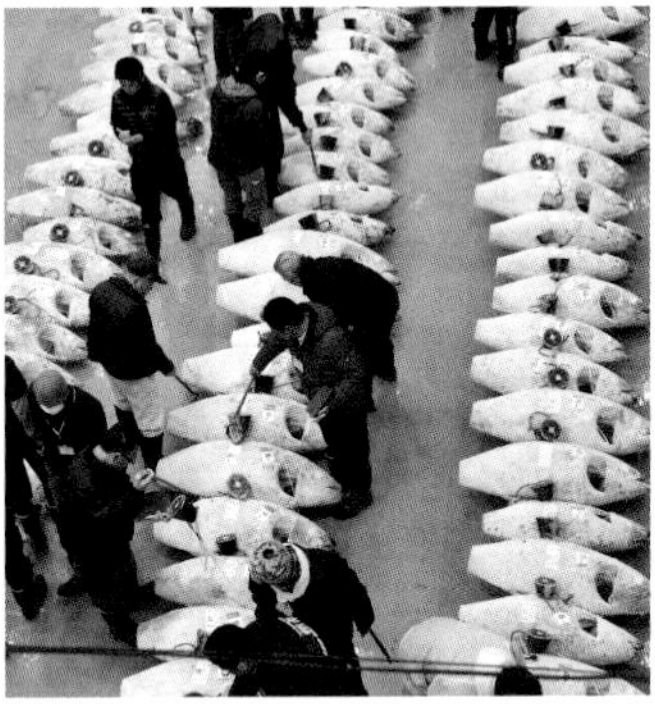

上：漁船や観光船が行き交う三崎港。港のまわりにはマグロ料理の店や魚の店が並んでいる　右：みさき魚市場で行われる入札風景。マグロがずらりと並ぶさまはマグロ基地ならではの迫力だ　下：水中観光船「にじいろさかな号」(1300円)。宮川湾まで一周40分の船旅が楽しめる

アクセス

行き 品川駅から京急線特急、または快特で約1時間10〜20分の三崎口駅下車。京急バスに乗り換えて約15分の三崎港バス停下車。

帰り 三崎港バス停から往路を戻る。

問合せ先

三浦市観光協会☎046-888-0588
京浜急行バス三崎営業所
☎046-882-6020

スタート 三崎港バス停
⇐ 徒歩10分
❶ みさき魚市場
⇐ 徒歩10分
❷ 歌舞島公園
⇐ 徒歩5分
❸ 見桃寺
⇐ 徒歩20分
❹ 本瑞寺
⇐ 徒歩8分
❺ 海南神社
⇐ 徒歩7分
❻ うらりマルシェ
⇐ 徒歩5分
ゴール 三崎港バス停

歩行時間 約1時間5分
歩行距離 約3.5km
歩数 約7000歩

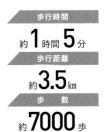

三崎港から三崎下町へ

本瑞寺は源頼朝が「桜の御所」を構え、城ヶ島を遠望する観桜の宴を開いたという跡に建つ

本瑞寺へ至る百段階段。上りきって振り返ると眺望が見事だ

三崎港のバスターミナル。港を正面に城ヶ島、三崎口各方面の乗り場がある

鎌倉武士の清遊の地だったと伝わる歌舞島公園

三崎港バス停で降りると、すぐ目の前に三崎港が広がっている。港に沿って西へ歩き、うらりマルシェの建物を左に見ながら、**❶みさき魚市場《うおいちば》**へ向かおう。正式名は三浦市三崎水産物地方卸売市場。三浦市が管理している公設市場だ。カジキ、イワシ、イカなどに加え、主要な冷凍マグロが1日400〜1000本ほど取引される全国でも屈指の市場である。2階には入札風景が見られる見学通路が設けられ、冷凍マグロの活気ある取引風景を間近に見ることができる。売買は午前8時頃から1時間程度がピークなので、時間をはずさないように出かけたい。

見学後は、北側の新港駐車場わきを抜け、1本内陸側の道を左へ向かおう。歌舞島バス停を過ぎ、油壺方面へ延びる西海岸線に出たら、間もなく右手に**❷歌舞島公園《かぶしまこうえん》**の小高い丘が見える。公園内にはベンチもあり、小休止ができる。西海岸線へ戻り、案内板が示す細道を入ると、不老長寿、無病息災の守護神・三浦七福神の布袋尊を祀る**❸見桃寺《けんとうじ》**だ。源頼朝が構えたという3つの別邸の一つ、「桃の御所」の跡地と伝えられる。かつて北原白秋

魚屋の店先では、かぶと焼きにするマグロの頭もずらりと並び、観光客を驚かせる

COLUMN

三崎下町には今も残る昭和の風景

三崎といえば「マグロ」だが、昭和レトロな町並み散策も魅力。遠洋漁業が盛んな頃の繁栄を偲ばせる蔵造りや看板建築の商店など職人が腕を競った建築物が点在し、港町特有の入り組んだ路地風景が昭和の趣を見せる。

サブコース

＊三崎港と城ヶ島間を運航している渡船か、三崎港バス停から出ている城ヶ島行きのバスを利用して、城ヶ島に渡り、県立城ヶ島公園から城ヶ島灯台公園まで、島一周ハイキングもおすすめ。2つの灯台めぐり、磯歩きに加え、スイセンの群落が見頃になる冬も楽しみ。

ヒント

＊三崎口駅から三崎港、城ヶ島方面は観光シーズンは渋滞が多いため、往復とも三崎港バス停の一つ手前の三崎東岡バス停の利用も便利。三崎港バス停まで徒歩7分程度。三崎東岡バス停は三浦海岸や荒崎方面など、市内各路線が経由しており、便数も多い。

DATA　みさきまぐろきっぷ　京急線三崎口駅までの往復と三崎エリア指定区間のバス乗車券、マグロ料理の食事、レジャー施設がセットのお得なきっぷ。京急線各駅(泉岳寺、三崎口を除く)で発売。1日有効。☎03-5789-8686

源頼朝の寄進と伝えられるご神木の大銀杏は樹齢約800年、幹周り4.6m

三浦半島総鎮守の海南神社。三浦七福神の筌龍弁財天も祀られている。1月には伝統芸能「チャッキラコ」が奉納される

本瑞寺から続く丘の上の道には石仏やお稲荷さんのお社が並んでいる

坂の多い三崎下町では階段の上り下りが欠かせない

が身を寄せた寺でもあり、境内には歌碑も見られる。民家が続く細い道を上り、小高い丘を越えて下町方面へ向かおう。海岸段丘の町は坂と路地が多い。緩やかな細い路地を上っていくと、思わぬところで急に視界が開け、家並みの向こうに海が広がって見える。

丘の途中に点在している長善寺、大乗寺、最福寺をたどり、いったん県道26号へ出て、古い蔵造りの建物が点在している三崎下町へ。日の出通りへ入ると❹**本瑞寺**《ほんずいじ》へと続く百段階段へたどりつく。三浦一族の菩提寺であり、頼朝の「桜の御所」跡に建つ寺だ。急な石段を上り、隣接の光念寺まで続く丘の上から眼下に広がる三崎の家並みや北条湾、城ケ島大橋などの眺望を楽しみたい。

光念寺の先から階段を下りて❺**海南神社**《かいなんじんじゃ》で参拝をしていこう。１０００年の歴史をもつ三浦半島の総鎮守で、境内には源頼朝のお手植えといわれる樹齢約８００年の大銀杏がある。三浦七福神の学問と技芸の神様・筌龍《せんりゅう》弁財天も祀られている。帰りは、マグロみやげが豊富な❻**うらりマルシェ**に立ち寄り、三崎港バス停から三崎口駅へ戻ろう。

COLUMN

早起きして出かけたい三崎朝市

毎週日曜の早朝5時からスタートする朝市には遠洋マグロをはじめ、近海で水揚げされた鮮魚、水産加工品、温暖な三浦で育った新鮮野菜、果物などがずらりと並び、活気があふれる。熱々のマグロ汁、マグロのぶっかけ丼も朝市の名物だ。

本瑞寺から光念寺へと続く高台の道からは三崎下町や城ヶ島大橋、北条湾が一望できる

DATA　三崎朝市　毎週日曜の5時～8時30分。三崎のマグロをはじめ、魚や地元の野菜を売る25店舗が出店する。場所はみさき魚市場の先の三崎朝市協同組合会場。☎046-881-4488

みちくさ

買う うらりマルシェ《うらりまるしぇ》

1階のさかな館にはマグロや三崎港で水揚げされた魚、水産加工品、三浦ブランドのおみやげが豊富に並ぶ。頭、カマ、卵などマグロのすべての部位が手に入るのは三崎ならでは。2階は野菜、湘南三浦牛が並ぶやさい館。さかな館は9～17時(日曜は7時～)、やさい館は10～17時(日曜は9時～)、無休。☎046-881-6721

みちくさ

見る チャッキラコ・三崎昭和館《ちゃっきらこ みさきしょうわかん》

風が強く吹く三崎では大火になることが多く、昔から防火のために土蔵や石積みの蔵が多かった。蔵造りの旧米販売店をそのままに、三崎下町に伝わる伝統芸能「チャッキラコ」の展示とかまどのある台所など、昔懐かしい昭和の生活風景を再現している。10～16時、土曜・休日のみ開館、入館無料。☎046-882-3156

三崎港～三崎下町
N
0
200m
尾上町
海外入口
三崎町諸磯
海外町
天神町
海外
三浦七福神の布袋尊を祀る
(桃の御所)
3 見桃寺
三浦市
京急バス
横須賀三崎線
三崎東岡
城山町
相模湾
漣痕(波調層)
布袋尊の案内あり
二町谷
真福寺
境内社の相州海南高家神社には務めを終えた包丁への感謝と鳥獣魚菜の霊を慰める包丁塚がある
図書館
2 歌舞島公園
小高い丘の公園
長善寺
5 海南神社
三浦市役所
白石町
5分
20分
大乗寺
円照寺
26
歌舞島
まぐろ加工センター
食事処・みやげ店が並ぶ
毎週日曜の早朝に開かれる三崎朝市が盛況
三崎朝市
10分
音岸寺
7分
三崎(一)
4 本瑞寺
(桜の御所)
北条
光念寺
北条湾
最福寺
三崎(四)
三崎館本店
三富染物店
超低温冷蔵庫
マグロ直販センター
10分
8分
西浜
三崎(五)
日ノ出
三浦三崎局
魚音本店
三崎下町商店街
1 みさき魚市場
(三浦市三崎水産物地方卸売市場)
WC
5分
三崎(三)
三崎(二)
にじいろさかな号
ベンチあり
見る チャッキラコ・三崎昭和館
階段の上からは城ヶ島大橋がよく見える
買う 6 うらりマルシェ
ミサキプレッソ
まるいち
三崎港
スタート&ゴール
三崎港バス停
咲乃家
城ヶ島大橋

45 海

三浦市

城ヶ島公園から長津呂の磯へ

奇石奇岩の造形に目を見張り、太平洋の絶景に心洗われる城ヶ島ハイク

上：波静かなときは、南岸の浜や岩場を歩いて城ヶ島灯台方面をめざすのも気持ちがよい
右：1月中旬頃から2月中旬頃にかけて、約10万株の八重咲きスイセンが島のいたるところで開花して、冬の城ヶ島を彩る
左：岩場へは絶景を楽しみながら急な階段を下って行く

アクセス

行き 品川駅から京急線特急、または快特で約1時間10〜20分の三崎口駅下車。京急バス城ヶ島行きに乗り換えて約23分の白秋碑前バス停下車。

帰り 城ヶ島バス停から京急バス三崎口駅行きで約28分の終点下車。往路を戻る。

問合せ先

三浦市観光協会☎046-888-0588
京浜急行バス三崎営業所
☎046-882-6020

スタート 白秋碑前バス停
⇐ 徒歩12分
❶ 県立城ヶ島公園
⇐ 徒歩15分
❷ 安房崎
⇐ 徒歩25分
❸ ウミウ展望台
⇐ 徒歩12分
❹ 馬の背洞門
⇐ 徒歩25分
❺ 長津呂の磯
⇐ 徒歩10分
❻ 城ヶ島灯台
⇐ 徒歩5分
ゴール 城ヶ島バス停

歩行時間 約1時間45分
歩行距離 約4km
歩数 約8000歩

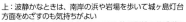

城ヶ島公園から長津呂の磯へ

安房崎に面して広がるピクニック広場は家族連れにも人気のエリア。三浦大根を模した安房崎灯台を見ながら磯へ下りることができる

城ヶ島公園には海に向かってゆっくり眺望を楽しんだり、休息できるベンチもある

城ヶ島大橋を見上げる場所に白秋碑が立ち、海辺で遊ぶ人たちも多い

島の南岸は人を寄せ付けない険しい断崖が連なる。毎年11〜4月、渡り鳥のウミウが越冬する

城ヶ島公園入口。園内はバリアフリーにも対応し、歩きやすい道が整備されている

　三浦半島最南端の城ヶ島では、緑と眺望に恵まれた県立公園や南側の海に広がる岩場や砂浜を歩くことができる。三崎口駅発のバスで城ヶ島大橋を渡り、白秋碑前バス停で下車。島の東部一帯に広がる❶県立《けんりつ》城《じょう》ヶ《が》島《しま》公園《こうえん》をめざそう。公園の第2駐車場に沿って道なりに上って行くと間もなく、第1駐車場となり、その先が入口である。1〜2月の「城ヶ島水仙まつり」の時期には、駐車場わきに八重咲きスイセンが群生し、見事な景観をつくる。

　公園内は緑陰広場から東に向かって園路が整備されており、歩きやすい。強い海風の影響で北側に傾いて生えているクロマツの林を抜け、ピクニック広場の先の階段を下りると❷安房崎《あわさき》の磯が広がり、長い時間をかけて隆起、浸食を繰り返してできた奇岩の磯が広がっている。ピクニック広場の一角には三浦大根を模した安房崎灯台が立っている。南側の細い道を上って公園へ戻り、西へ向かうと第1展望台、第2展望台と続く。展望台から望む太平洋の広さはまさに絶景だ。

　公園をいったん出て駐車場わきを進むと、左手にハイキングコースへの入口がある。表

城ヶ島のスイセンは八重咲きスイセン

COLUMN

北原白秋と城ヶ島

大正2年(1913)、北原白秋・作詞、梁田貞・作曲で発表された名曲『城ヶ島の雨』は城ヶ島や三崎の情景をしみじみと謳いあげ、全国的なヒットとなった。城ヶ島大橋の袂には白秋自筆の歌碑が立ち、近くには白秋記念館もある。

サブコース

＊馬の背洞門から海沿いを歩くハイキングコースのほかに、一段高い丘の上に歩きやすく整備された「水仙ロード」がある。1〜2月は道に沿ってスイセンが咲く。途中、海を眺望するポイントもある。海沿いを歩くコースと城ヶ島灯台付近で合流することになる。

ヒント

＊公園散策、磯遊び、岩礁歩きなどが楽しめる。岩場は滑りやすいので歩きやすい靴で出かけよう。
＊城ヶ島公園は園路や展望台にスロープがあり、トイレもバリアフリーに対応。
＊食堂、売店は城ヶ島灯台から城ヶ島バス停付近に多く、帰路の小休止に便利。

DATA 県立城ヶ島公園　8〜17時（4〜9月は〜19時）、年中無休、入園無料、第1駐車場は有料（1日450円）。園内施設は、展望台、緑陰広場、うみのね広場、ピクニック広場、植物保護地区など。☎046-881-6640

標高30mの島の高台に建つ城ヶ島灯台。日本で5番目に点灯された西洋式灯台だ

対岸の三崎港へ渡船で渡るのも風情がある

馬の背洞門を上から見たところ。自然が造った景観の面白さに思わず足が止まる

波の浸食で繰りぬかれた馬の背洞門。関東大震災で隆起したため、現在は海面より高い位置にある

示板にしたがって城ヶ島灯台方面へ向かおう。赤羽根海岸を見下ろす地点が❸**ウミウ展望台**《てんぼうだい》だ。毎年11月頃から翌年4月頃まで、東側前方にそそり立つ断崖にウミウやヒメウが羽を休める光景が見られる。島の冬の風物詩でもあり、かつて三崎に居を構え、城ヶ島に親しんだ北原白秋の作品にも謳われている。

散策路を西へ向かい、馬の背洞門の標識にしたがい、海に向かって下るコースをとろう。左に❹**馬**《うま》**の背洞門**《せどうもん》の背の部分を見下ろしながら、急な階段を一気に下って行く。「メガネ岩」とも言われる、波の浸食で貫かれた高さ3m、幅2mほどの海食洞穴が現れる。穴の向こうには白波が砕け散る。左に海、右手に緑に覆われた丘を眺めつつ、岩場や砂浜を歩いて行こう。白亜の城ヶ島灯台を遠望しながら❺**長津呂**《ながとろ》**の磯**《いそ》までやってくるとコースも終盤。海食台が広がる磯では、地震活動でできたという さまざまな地層断面を見ることができる。階段を上がると❻**城ヶ島灯台**《じょうがしまとうだい》で、周囲は城ヶ島灯台公園として遊歩道も整備されている。みやげ店や食堂が並ぶ通りを抜けると、城ヶ島バス停も近い。

COLUMN

三崎と城ヶ島を結ぶ渡船「さんしろ」

三崎港「うらり」岸壁、城ヶ島の海上イケス釣り堀J'sFishing、白秋記念碑を結んで運航する「さんしろ」は片道約5分で、三崎めぐりの手軽な船旅が楽しめる渡し船だ。10時～16時15分（季節、天候で変動あり）、500円。
☎046-881-0533

城ヶ島灯台の下に広がる長津呂の磯は、魚種も多いことから釣り人にも人気が高い

DATA　白秋記念館　三崎時代の北原白秋を知ることができる。10～16時、月曜(祝日の場合は翌日)・金曜（11月は開館）・年末年始休、ほかに教育委員会が定める休館日あり、無料。☎046-881-6414

みちくさ

見る 旧城ヶ島分校海の資料館
きゅうじょうがしまぶんこううみのしりょうかん

三崎小学校城ヶ島分校が昭和45年に廃校後、城ヶ島公民館となり、現在は海の資料館として、城ヶ島に伝わる漁撈《ぎょろう》用具（県指定有形民俗文化財）や分校当時のままの教室に机やオルガン、教科書などを展示している。9時30分～16時、見学は事前申し込み。入館無料。三浦市文化スポーツ課☎046-882-1111

みちくさ

買う 食べる 城ヶ島漁協直販所
じょうがしまぎょきょうちょくはんじょ

海藻類が豊かに育つ城ヶ島周辺の海は、魚介の宝庫。店内の水槽には、島の漁師が水揚げしたばかりの活きのいいサザエやアワビ、イセエビが泳いでいる。直売のほか、その場で調理をしてくれ、すぐに味わえるという、この島ならではの贅沢な体験ができるのが魅力だ。9～16時、不定休。☎046-882-2160

城ヶ島公園～長津呂の磯
◎三浦市役所
三浦市
N
0
500m
海南神社
三崎朝市会場
北条湾
三崎港
三崎
みさき魚市場
うらり
マルシェ
渡船「さんしろ」
乗り場
1月中旬～2月初旬に
バス停付近の駐車場で
水仙まつりを開催
晴海町
三浦海岸へ
宮川湾
ゴール
城ヶ島バス停
❻城ヶ島灯台
買う 食べる 城ヶ島漁協直販所
城ヶ島大橋
三崎港
渡船「さんしろ」
乗り場
見る 旧城ヶ島分校
海の資料館
渡船「さんしろ」
乗り場
白秋詩碑
白秋記念館
県水産技術センター
歩行者は無料で渡れる。
対岸の三崎港の眺めがよい
ベンチあり
城ヶ島灯台公園
西崎の磯
5分
WC
城ヶ島漁港前
食事処・みやげ
店が並ぶ
海南神社
スタート
白秋碑前バス停
長津呂崎
10分
❸ウミウ展望台
三崎町城ヶ島
25分
12分
12分
スイセン、アジサイ
などが見られる
25分
❶県立城ヶ島公園
岩場を歩く
なだらかな水仙ロード
赤羽根海岸
ウミウ生息地
ピクニック広場
15分
❷安房崎
❹馬の背洞門
赤羽根崎
安房埼灯台
❺長津呂の磯
相模灘
安房崎
急な階段を下り、
馬の背洞門へ
城ヶ島公園内の快適な遊
歩道はバリアフリーの道
三浦大根をモチーフにし
たユニークな灯台
展望広場にはベン
チや展望台あり

な

は

ま

や

見る

あ

か

大人の遠足 BOOK

鎌倉・湘南・三浦ウォーキング

2021年 8 月15日　初版印刷
2021年 9 月 1日　初版発行

編集人	志田典子
発行人	今井敏行
発行所	JTBパブリッシング 〒162-8446　東京都新宿区払方町25-5

編集・制作	松本徳子（ぐるーぷてくてく） 秋田範子
取材・撮影	ぐるーぷてくてく（永井裕子・香田直美）・永井良一・松本甲太郎・湘南ふじさわウオーキング協会（西澤久裕・深澤孝俊・川澄武雄・弥勒寺裕・岡村茂・阪本茂義・馬場弘之・藤井誠・立花正幸・為田政昭）
写真協力	松澤暁生　県立近代美術館 葉山 長谷寺　鎌倉文学館　鎌倉Today 湘南モノレール　江ノ島電鉄 横須賀市、逗子市など関係市町村ほか
表紙・デザイン	浅野有子 (トッパングラフィックコミュニケーションズ)
地図製作	千秋社
組版	千秋社
印刷	凸版印刷

本書の内容についてのお問合せ　☎03-6888-7846
図書のご注文　☎03-6888-7893
乱丁・落丁はお取替えいたします。

インターネットアドレス
おでかけ情報満載　https://rurubu.jp/andmore

◎本書の地図の作成にあたっては、国土地理院の国土基本情報を使用しました。

◎本書の取材・執筆にあたり、ご協力いただきました関係各位に、厚く御礼申し上げます。

◎本書に記載したデータは2021年6月現在のものです。文章中の料金は大人料金です。原則として取材時点での税率をもとにした消費税込みの料金で掲載しています。ただし、各種料金や税率は変更されることがありますので、ご利用の際はご注意ください。定休日は原則として年末年始、盆休み、ゴールデンウィークは省略しています。夏休み期間中など、定休日・営業時間などが変更になる場合があります。

◎各種データを含めた掲載内容の正確性には万全を期しておりますが、発行後に変更になることがあります。お出かけの際には事前に確認されることをおすすめいたします。なお、本書に掲載された内容による損害などは弊社では補償いたしかねますので、予めご了承くださいますようお願いいたします。

Printed in Japan
233609　421483
ISBN 978-4-533-14584-1　C2026

JTBパブリッシング
https://jtbpublishing.co.jp/